人文学の論理　五つの論考

人文学の論理

―― 五つの論考 ――

E. カッシーラー 著
齊藤　伸 訳

知泉書館

凡　　例

* 　本 書 は Ernst Cassirer, *Zur Logik der Kulturwissenschaften, Fünf Studien* (1942) の全訳である。底本には Philosophische Bibliothek, Band 634, Felix Meiner Verlag 2011. を用いた。
* 原文のイタリック体およびゲシュペルトには傍点を用いた。
* 訳者が本文中で言葉を補っている箇所は〔　〕で示した。
* 本文中であえて原語を示したいときは，（　）内にその語句を示した。
* 引用文で他の邦訳書を参照した場合には（ ）でその詳細を記した。
* 底本の編集者による注は〔　〕で記した。
* ローマ数字による本文の区切りは著者自身によるもので，アラビア数字による区切りとそれに付随する各見出しは訳者が任意に付け加えた。

目　次

第1論考：人文学の対象 …………………………………… 3

I

1. 古代における自然と人間：秩序の成立 ……………… 3
2. キリスト教におけるロゴスの概念 …………………… 9
3. 哲学的合理主義における精神と現実：デカルトの
   二元論 …………………………………………………… 12
4. 自然の論理から人文学の論理へ：ヴィーコとヘル
   ダー ……………………………………………………… 17
5. 歴史主義：ヘルダーによる精神の現象学 …………… 20
6. 生産的な過程としての言語習得 ……………………… 24
7. 18世紀における形而上学の絶対主義の終焉 ……… 25
8. 「シンボル形式」の一つとしての科学 ……………… 28
9. 「シンボル形式の哲学」の意義 ……………………… 30

II

1. 古代の二元的世界像から自然科学的一元論へ：
   「進化」の概念 ………………………………………… 32
2. ユクスキュルの環境理論：生物の設計図と人間の
   自由 ……………………………………………………… 36
3. 人間に固有な世界としての「表象界」 ……………… 40
4. 技術的文化の完成による人間の自己喪失：言語の
   問題 ……………………………………………………… 42
5. 芸術の人文学的価値 …………………………………… 45
6. 芸術における主観と客観の相互浸透 ………………… 49

vii

目　次

第2論考：事物の知覚と表情の知覚 ……………………… 54

1. 19 世紀における自然主義と歴史主義の分裂 …… 54
2. 知覚の現象学：知覚における「それ」と「汝」…… 61
3. 「物理的なもの」における「理念的なもの」：
「意味」の登場 ……………………………………… 66
4. 「始発点」としての表情の知覚から「終着点」と
しての事物の知覚へ ……………………………… 69
5. 「我」と「汝」の世界の構築：「機能」としての
自己意識 …………………………………………… 74
6. 人間における表現形式の能動性：「共通世界」の
構築 ………………………………………………… 80
7. シンボル形式における二重の機能：分離と再統合 … 85

第3論考：自然の概念と文化の概念 ……………………… 88

I

1. 文化概念の論理的特性における 3 つの様相 ……… 88
2. 文化の論理：言語と芸術における構造・形式
の問題 ……………………………………………… 91
3. 様式概念と価値概念 ……………………………… 98
4. 人文学と経験的心理学の方法論：ヘルマン・パウ
ル，カール・ビューラー ………………………… 100
5. それぞれの学における「特殊」と「普遍」……… 107
6. 現実の知覚に関する問題 ………………………… 113
7. 間主観的世界としての人間文化 ………………… 116

II

1. テーヌの芸術哲学：自然主義による批判 ……… 120
2. 人文学における 3 つの説明原理：人種・環境・時

viii

目　　次

代…………………………………………………… 122

3. 人間の「全体像」がもとづく根拠 ……………… 126

第4論考：形式の問題と因果の問題 ……………… 134

1. 形式的思考と因果的思考 ………………………… 134

2. 自然科学と人文学の断絶 ………………………… 138

3. 生物学における全体性の概念 …………………… 142

4. 心理学における全体性の概念 …………………… 146

5. 人文学の形式としての「シンボル形式」……… 147

6. 言語の起源に関する問い ………………………… 150

7. 哲学における「懐疑」：構造の問題と因果の問題…153

8. 「飛躍」としての人間文化 ……………………… 155

第5論考：「文化の悲劇」について ……………… 159

1. 人間文化の正当性：ルソーからカントへ ……… 159

2. 文化における自我の無力：ゲオルク・ジンメル…161

3. 文化の神秘主義 …………………………………… 165

4. 人間文化の弁証法的特質：「汝」との出会い … 169

5. 精神的発展の弁証法としての「ルネサンス」……173

6. 制定の産物としての言語の変容 ………………… 177

7. 創造的な過程における持続と刷新 ……………… 180

8. 芸術の類型論とベネデット・クローチェ ……… 183

9. 抒情詩における不変な形式 ……………………… 189

10. 宗教的理念の運動 ……………………………… 192

11. 文化の生成：「シンボル形式」の機能 ………… 195

解　　説……………………………………………… 201

訳者あとがき………………………………………… 219

ix

目　次

注 ……………………………………………… 221

人名索引 ……………………………………… 231

人文学の論理

──五つの論考──

第1論考
人文学の対象

I

1　古代における自然と人間：秩序の成立

　驚嘆の念を抱くことは本来の哲学的な感動であり，わたしたちはあらゆる哲学することの根源をそのなかに認めなければならない，とプラトンは言った。もしもそうであるとすれば次のような問いが，つまり，いかなる対象がまずもって人間の驚きを呼び起こし，それによって彼を哲学的な省察の道へと導いたのか，という問いが生じる。ここで主導的な役割を与えられたものは「自然的」対象であったのか，あるいは「精神的」対象であったのか。自然の秩序であったのか。あるいは人間に固有な創造性であったのか。もっとも身近な想定として考えられるのは，天体の世界が最初の世界としてカオスから昇り始めたということかもしれない。わたしたちはおよそすべての偉大な文化的宗教において星辰の崇拝に遭遇する。人間はそのときに初めて重苦しい情緒という呪縛から解放され，存在の全体を見渡すいっそう自由でいっそう広いものの見方にまで高まることができた。自然を魔術的な力に

3

第1論考　人文学の対象

よって制圧しようとする主観的な情熱は後退し，それに代わって宇宙の客観的な秩序の予感が芽生えた。人間は星辰の軌道のなかに，昼と夜の交替のなかに，季節の規則的な巡りあわせのなかに，一様に生じる事象の最初の偉大な範例を見出した。このような事象は人間に固有の領域を超えて果てしなく高められ，彼の意志と願望の力から遠ざけられた。日常の人間的な行為のみならず「原始的な」悪的力の働きをも特徴づける，気まぐれや予測不可能性に由来するものは，何もそれにつけ加えられていなかった。〔まず初めに〕一つの働き（Wirken）があり，そしてそれゆえに一つの「現実」（Wirklichkeit）があって，その現実は固定した境界に取り囲まれており，特定の不変の法則に結びついている。ここで初めてそのような洞察がかすかに開け始めたのであった。

　しかしながらこの感情は，ただちにそれとは別の感情に結びつかざるを得なかった。なぜなら人間が自分自身に固有な世界のうちに見出す秩序は，自然の秩序よりもいっそう彼に身近なものとして成立しているからである。ここでもまた，決して単なる恣意が支配しているのではない。個々の人間はその最初の活動からして，彼の力が及ばない何かによって規定され，制限されていることを知っている。その何かとは，人間を束縛するしきたりの力である。それは彼のすべての歩みを監視しており，ほとんど一瞬も彼の行為に自由な余地を認めない。彼の行いだけでなく，彼の感情や心象，信仰や妄想までもがそれによって支配されている。しきたりとは，人間がそのなかに生きて存在するところの一定不変な大気である。彼がそれから逃れることができないのは，彼が呼吸する空気から逃れられないのと同じである。彼の思考においてもまた，自然的な世界の見方が人倫的〔社会道徳的〕な世界の

1 古代における自然と人間

見方から分離され得ないということも何ら不思議ではない。両者は互いを補い合っており，それらの起源においては一つである。すべての偉大な宗教がその宇宙発生論と人倫的な教えにおいてこのモチーフを拠り所とした。それらが創造の神に二重の役割と二通りの使命を与えていること，つまり神が天体と人倫的秩序の創始者であること，そしてその両者をカオスの力から引き離すという使命が与えられていることで一致する。ギルガメッシュ叙事詩において，ヴェーダにおいて，エジプトの創造物語において，わたしたちは同様なものの見方を見出す。バビロニアの創造神話のなかでマルドゥクは，形のないカオスの怪物ティアマトに対して闘いを挑む。彼は勝利の後に宇宙と法の秩序という永続する記念碑と象徴を打ち立てた。マルドゥクは星辰の運行を規定し，黄道十二宮の記号を設定し，日と月，年の順序を確定した。そしてそれと同時に彼は人間の行為に，罰を受けることなしには踏み越えることのできない境界を設定する。彼は「もっとも内奥にあるものを見透し，悪人を逃さず，反逆者をこらしめ，正義を全うさせる」[1]のである。

　しかしながら人倫的秩序というこの奇跡に，それとは他の，それに劣らず偉大で神秘的なものがつけ加えられる。なぜなら人間が創りだすもの，彼自身の手によって生みだされるものはすべて，依然として捉えどころのない神秘のように彼を取り囲んでいるからである。人間が自分自身の業績について考察するとき，彼はもはや自分がそれらの創造者であるなどと感じたりはしない。それらは人間を遥かに超えている。それらは単に個人だけでなく，種族がなし得るすべてを超えて，さらに崇高である。人間がそれらに起源があると見なすとき，それは神話的な起源の他にはあり得ない。一人の

5

第 1 論考　人文学の対象

神がそれらを創り出した。一人の救世主がそれらを天上から地上へと降ろしてきて，それらの用途を人間に伝えたのである。そのような文化の神話があらゆる時代と民族の神話に浸透している[2]。人間の技術的な熟練が数百年，数千年の歩みのなかで生み出してきたもの，それは人間が成し遂げた所業ではなく，むしろ天からの賜物にして贈り物である。それぞれの道具にはそうした超自然的な由来がある。今日でもなお，たとえば南トーゴのエウェ族のような多くの未開の民族のもとでは，年に一度巡ってくる収穫祭に際して個々の道具類に，つまり斧や鉋（かんな），そして鋸（のこぎり）に供え物が献上される[3]。そしてわたしたちは人間自身が創りだした精神的な手段（Instrument）が，これらの実質的な道具よりもいっそう〔自分自身を〕わたしたちから遠ざけているように思わざるを得ない。それらもまた，人間の力に無限に優った力の顕現と見なされる。このことは第一に，あらゆる人間の交際および社会の条件である言葉と文字に妥当する。その手で文字を生み出した神には，神的な力の配列（ヒエラルキー）では常に特別な特権的地位がふさわしい。エジプトで月神トトは「神々の書記」であると同時に「天上の審判者」とも考えられている。彼が事物の尺度を決めるのだから，神々と人間にふさわしいものを知らせるのも彼である[4]。言葉と文字は尺度の起源と考えられている。というのも瞬間的なものや変わりやすいものをしっかりと捉え，それによって偶然や恣意から遠ざける能力が，まずもってそれらに内在しているからである。

　すでに神話と宗教の領域においてわたしたちは次のような感情を，つまり，人間文化は所与のものであったり自明なものであったりするのではなく，むしろそれは説明を要する一種の奇跡であるという感情をそのすべてにおいて感じ取って

1 古代における自然と人間

いる。しかしこれは，人間がそうした問いを立てるように要請され，そしてその権利が与えられていると感じるだけでなく，むしろそれに代わって，それ固有で独立した手順を，つまりそれを用いて彼がそれらの問いに答えることができる「手法」を発達させるやいなや，彼はいっそう深い自己省察に到達する。この歩みは最初にギリシア哲学において生じた——そしてこの点でそれは時代の大きな精神的転換点を意味している。そのときに初めて，それだけで自然科学と人間文化に関する科学に到達できる新たな力が発見された。神話的に説明しようとする試みのあいまいな多数性——それはある時にはこの現象のために，またある時には他の現象のために用意される——に，存在の一貫した統一性の観念がとって代わり，まったく同じ根拠をもつ統一性がそれに合致しなければならない。この統一性は純粋な思考にのみ開かれている。いまや神話を形成している多彩で多様な空想の創造力は思考による批判に支配され，それによって根絶される。しかしこの批判的な任務には，新しい積極的な任務が連なっている。思考は自分自身の力と責任でそれが破壊したものを再構築しなければならない。わたしたちはソクラテス以前の体系で，この任務がどれほど賞賛に値する一貫性をもって着手され，一歩ずつ成し遂げられてきたのかを辿ることができる。それはプラトンのイデア論において，そしてアリストテレスの形而上学において一つの答えを見出したのであり，それは数世紀に渡って決定的で，模範であり続けた。もしも偉大な個々の仕事がそれに先立っていなかったならば，そうした総合は不可能であっただろう。一見するとまったく正反対な諸傾向がそれに加えられ，そしてそれは問題の設定と解決においてはさまざまな道を選んで進んでいく。それにもかかわらず，

7

第1論考　人文学の対象

わたしたちがその出発点と目標とを考察するならば，この権威ある思想の仕事の全体をある程度まで一つの基礎概念にまとめることができる。その概念を最初に見出したのはギリシア哲学であって，それをその全ての要素で洗練して拡大した。ギリシア的思考の発展においてこの役割が与えられたのはロゴスの概念である[5]。この概念がはやくもヘラクレイトスの哲学のなかで受けた最初の刻印において，わたしたちはそれの意義と来るべき豊かさに気づく。一見するとヘラクレイトスの学説は，なおまったくイオニアの自然哲学の基礎に立っているように思われるであろう。彼もまた世界を相互に置き換わり得る質量の総体と見なしている。しかし彼にとってこれは単に事象の表層に過ぎないと思われたのであり，彼はその背後でこれまで思考には開かれていなかった深淵を明らかにしようとする。イオニア学派もまた単なる「事実」の知識で満足しようとしていたのではなく，彼らは「方法」と「理由」を問うた。しかしながらこの問いは，ヘラクレイトスの許では新しく，遥かに鋭い意味で立てられる。そして彼は問題をそのように立てることによって，次のことに気づいていた。すなわち，それまでの自然哲学的な思索が動いていた限界内では，知覚はもはやそれらの問いに答えることができない，ということである。思考だけがわたしたちにその答えを与えてくれる。なぜならここで，そしてここでのみ，人間は彼の個別性という制約から自由になるからである。彼はもはや「自分自身の考え」に従うのではなく，むしろ一般的なものと神的なものを捉える。ἰδίη φρόνησις，つまり「私的な」想念に，普遍的な世界の法則がとって代わった。ヘラクレイトスによると，それによって初めて人間は神話的な夢の世界と，感覚知覚という狭く限定された世界から抜け出し

たのである。というのも，それぞれの人間は一方で夢のなか
では自分自身の世界に留まり，それに囲まれて埋没している
のに対して，個人が〔他者と〕共通した世界をもっていると
いうことこそ，まさに彼が目覚めていること，そして目を覚
ました存在であることの特徴だからである。

2 キリスト教におけるロゴスの概念

　これによって西洋の思考全体に新たな使命が与えられ，そ
れ以降は二度と逸れることのできない方向性が植えつけられ
た。この思考がギリシア哲学の学派に行き渡って以来，現実
に関するすべての認識は「ロゴス」という基礎概念に，──
そしてそれによってもっとも広い意味での「論理」に束縛さ
れることになった。哲学がふたたびその支配的な地位から押
しのけられ，「一般的で神的なもの」が或る他の，哲学が近
づき難いところで探求されたときでさえ，このことは変わら
なかった。キリスト教はギリシア的な主知主義を否定した
が，それによって単なる非合理主義へ舞い戻ることはできな
かったし，それを望みもしなかった。なぜならロゴスの概念
はキリスト教にも深く植えつけられていたからである。キリ
スト教の教義の歴史は間断のない争いを示しており，キリス
トによる救済の宗教という根本的なモチーフは，その争いを
ギリシア哲学の精神の方へと導かざるを得なかった。精神の
歴史として見れば，この争いには勝者も敗者もいない。それ
と同様にこの争いにおいては諸々の対立が真に内的な和解に
至ることもなかった。ギリシア哲学におけるロゴスの概念と
ヨハネ福音書におけるそれを，一つの分母にまとめることは
常に不毛な試みであろう。というのも，個別的なものと一般

第1論考　人文学の対象

的なもの，有限なものと無限なもの，人間と神の間での仲裁の仕方が両者の場合でまったく異なるからである。パルメニデスの比喩ではギリシアの存在概念とギリシアの真理概念は「丸い球体」[6]に喩えられており，それは固有の中心点にしっかりと留まっている。両者はそれ自身において完全で，完結している。また，それらの間には調和があるだけでなく，真の同一性もある。キリスト教的な世界観の二元論はこうした同一性に終わりを告げる。それ以降いかなる知識や純粋な思考の努力も，存在の間にはしる裂け目を修復することができない。当然のことながらキリスト教的な哲学もまた，哲学の概念のうちに横たわる単一性へと向かう努力を断念することはなかった。それはほとんど両方の対立極間での緊張を和らげることができないとしても，それでもなお，それ自身の領域の内側で，そしてそれ自身の思考方法をもってそれらを仲裁しようと試みる。すべての偉大なスコラ哲学の体系はそのような試みから生じてきた。それらのうちの誰も，啓示と理性，信仰と知識，恩寵の国（*regnum gratiae*）と自然の国（*regnum naturae*）の間に対立があることにあえて異論を唱えようとはしなかった。理性，つまり哲学はそれに固有な力をもってしては世界像を構築することができない。それに可能なすべての照明は，それ自身にではなく，むしろそれとは他のいっそう崇高な光源に由来している。しかしながら，もしも哲学がその視線をしっかりとその光源に向けて固定するならば，つまり，もしも自立的で自発的な〔理性という〕力を信仰に対立させる代わりに，信仰によって導かれ，方向づけられるならば，それに相応な目標に到達するであろう。或る直接的な恩寵の業を通してのみ，つまりは神の「照明」（*illuminatio*）を通してのみ人間に与えられ得る

10

2 キリスト教におけるロゴスの概念

　信仰の根源的な力は，同時に知識の内実と範囲とを規定している。こうした意味では，理解を求める信仰（*fides quaerens intellectum*）という言葉はすべてのキリスト教的 - 中世的哲学の指導概念にして標語となる。高度なスコラ哲学の体系，とりわけトマス・アクィナスにおいては，その総合が成し遂げられ，失われた調和が取り戻されたかのように思われるだろう。「自然」と「恩寵」，「理性」と「啓示」は相互に矛盾し合うものではなく，むしろ前者は後者を指し示し，後者へと高められる。それによって再び文化の宇宙は閉じられ，確実な宗教的中心点に結びつけられるようである。

　しかしながら，この見事に接合されたスコラ哲学の構築物は，そのなかでキリスト教的な信仰と古代の哲学的な知識が相互に支え合い，守り合うはずであったが，他のなによりも現代科学の特性を規定して打ち出した新たな認識の理念を前にしては崩れ去る。数学的自然科学は再び古代の知識の理念へと回帰する。ケプラーとガリレオは，ピタゴラスやデモクリトス，そしてプラトンの基本思想から直接出発することができた。しかし同時に彼らの研究においてこれらの基本思想は新たな意味合いを帯びている。というのも彼らは古代の科学や哲学には拒絶され続けた仕方で，知性的なものと感覚的なものの間に，κόσμος νοητός〔叡智的世界〕と κόσμος ὁρατός〔可視的世界〕の間に橋を架けることができるからである。いまや数学的な知識のまえでは，「感性の世界」と「悟性の世界」の間を分離している最後の遮断機が崩れ去るように思われる。物質そのものに数の調和が行き渡っていること，そして幾何学的な法則性に支配されていることが明らかになる。この普遍的な秩序のまえでは，アリストテレス的 - スコラ的物理学において固定したものと考えられていた

全ての対立が姿を消す。「低俗な」世界や「崇高な」な世界，「上の」世界や「下の」世界といった対立は存在しない。世界の認識，世界の数学が一つであり，また一つでしかあり得ないように，世界もまた一つである。この現代の研究における基本思想は，デカルトの普遍数学の概念のうちにその断固たる哲学的正統性を見出した。普遍数学の宇宙，秩序と計量の宇宙はすべての認識を取り囲み，汲み尽くす。宇宙はそれ自身でまったく自律している。それはなんら拠り所を必要とせず，それ自身が自らのうちに見出す拠り所以外のいかなる拠り所も認めることができない。いまや理性は，はじめてその明瞭で明晰な理念のなかで存在の全体を包み込み，そして初めてそれに固有な諸力をもってこの全体を余すことなく貫徹し，支配する。

3　哲学的合理主義における精神と現実：デカルトの二元論

この古典的な哲学的合理主義という基本思想が科学を育み，拡大しただけでなく，それにまったく新しい意味と目標を与えたということを更に詳論する必要はない。デカルトからマルブランシュとスピノザへ，スピノザからライプニッツへという哲学体系の発展は，それに関する連続した証明を与えている。いかにして普遍的な数学という新たな理想が絶えず現実認識の新領域を支配し続けてきたかは，この発展のなかで直に証明されている。デカルトの形而上学の最終的な体系は，存在の特定な根本的相違——思考はそれの運動を続けるうちに，結局はそういうものとして単純に受容し承認せざるを得ない——に導かれるという限りでは，すべてを包含す

3 哲学的合理主義における精神と現実

る唯一の知識の方法という彼本来の理念にしたがっていない。実体の二元論はデカルトの方法論的一元論を制限し，それに対してある種の限界を設定する。最終的にこの方法がそれ自身に据える目標は，現実の認識全体にとってではなく，むしろそれの特定の一部分にとってのみ到達可能なものにすぎないように思われる。物体の世界は何の制限もなしに数学的思考の支配下にある。そのなかには捉えられない余計なものなど何もなく，量や数といった純粋概念に対して自立的で，還元不能な何かであるような，曖昧な「性質」などない。これらのすべては取り除かれ，抹消される。「物質」と純粋な延長との同一性は自然哲学と数学の同一性を保障している。しかしながら延長する実体に加えて思考する実体があり，そして両者は最終的には共通の根本原因から，つまり神の存在から導出されざるを得ない。デカルトがこの現実の根源的な層を掘り起こし，証明しようと試みるところでは，彼は自分自身の方法の道標から外れている。ここでの彼はもはや普遍数学の概念においてではなく，むしろ中世の存在論の概念において思考している。彼はただこの概念の妥当性を前提することによってのみ，つまり事物の「形相的な」実在性をそこから推論しようとして理念の「客観的な」存在から出発することによってのみ，彼は証明に成功する。デカルトの後継者たちは絶えず精力的に，そして効果的にこの矛盾を解消すべく努力した。彼らの意図は，デカルトが延長した実体（*substantia extensa*）に対して行ったのと同じ仕方，同じ説得力のある仕方で，それを思考する実体（*substantia cogitans*）に，そして神的な実体に対して行うことであった。このような方法でスピノザは神と自然の同一視へと導かれた。そしてライプニッツはこのような方法で彼の「普遍記号

第1論考　人文学の対象

学」の構想にたどり着いた。両者はともに，この方法によって初めて汎論理主義と汎数学主義の真理にとっての完全な証明がもたらされ得ると確信していた。いまや，古代や中世の世界像に対決するあらゆる鋭さと明瞭さをもって，現代的な世界像の輪郭が浮かびあがってくる。「精神」と「現実」はお互いに和解し合うだけではなく，むしろそれらは相互に浸透し合った。それらの間には単なる外的な作用，または外的な対応の関係は何もない。ここで問題とされていることは，古代と同様にスコラ的な認識論が知識の尺度として据えた，知性と事物の一致（*adaequatio intellectus et rei*）とは異なるものである。問題とされるのは「予定調和」，つまり思考と存在，理念と現実の間での究極的な同一性である。

　この汎数学主義的な世界像が経験した最初の制限は，或る問題領域に由来しており，それは依然として新たな哲学の初期段階にはまだそういうものとしては存立できないか，あるいはなおその最初の概要のなかで見られただけであった。18世紀の後半になって初めて最初の新しく大きな境界が示され，そこではこの境界がますますこの問題領域の特性を認めるようになり，そして最終的にはそれらを哲学的な自己省察の中心へと移動させている。古典的な合理主義は自然の征服では満足しなかった。それは包括的な「精神科学の自然体系」を構築することをも望んだ。人間の精神は諸々の「国家のなかの国家」を作ることをやめねばならなかった。それは同一の原理から認識され，自然と同じ法則に従わねばならなかった。現代の自然法はフーゴー・グロティウスによって基礎づけられたように，法則の認識と数学的な認識の間にある徹底した類似を引き合いに出す——また，スピノザは倫理の新たな形式を作りだし，それは幾何学の規範によって方向が

14

3 哲学的合理主義における精神と現実

定められ，それによってその目的と方法が素描される。それによって初めてその領域は完結するように思われる。数学的思考の輪は同じ仕方で身体的世界と心的世界を，そして自然の存在と歴史の存在を包含することができた。しかし，いまやこの点に最初の決定的な懐疑が生じる。歴史は，物理学または天文学と同じように，数学化することができるのだろうか——歴史もまた「普遍数学」の特殊な例に他ならないのか。この問いを完全な鋭さで提出した最初の思想家は，ジャンバッティスタ・ヴィーコであった。ヴィーコの「歴史哲学」による本来の功績は，それが実質的に歴史の過程や個別的な局面の周期に関して教えているもののうちにあるのではない。人類の歴史における時代を区別することと，そして「神々の」時代から「英雄の」時代へ，「英雄の」時代から「人間の」時代への移り変わりという，ある種の連続した法則性を証明しようと試みること，これらはすべてヴィーコの許ではなお純粋に空想的な傾向と混ぜ合わされている。しかしながら彼が明瞭に見通していたもの，そして彼がデカルトに逆らって断固として擁護したものは，歴史認識の方法論的な独自性と方法論的な固有価値である。彼はこの価値をためらうことなく数学的知識の価値の上に据え，そしてそのうちに初めて真の「人間的知恵」(*sapientia humana*)——デカルトはその概念を『精神指導の規則』の第一規則において理念として打ち立てた——の実現を見出す。ヴィーコによるとわたしたちの知識の本来的な目的は自然の認識ではなく，人間の自己認識である。もしも哲学がそのことに満足せずに，神的な，または絶対的な知識を要求するのであれば，それは自分自身の限界を踏み越えて危うい誤った道へと誘われるであろう。というのも，すべての存在するもの（Wesen）が真

15

第 1 論考　人文学の対象

に理解し，浸透することができるものは，それ自身が生み出したものだけであるという命題は，ヴィーコにとって認識における最上位の規則だからである。わたしたちの知識の領域は，わたしたちの創造の領域よりも広がることはない。人間が何ものかを理解するのは，彼がただ創造的である限りにおいてであり，――そしてこの条件は厳密には精神の世界においてのみ満たされ得るのであって，自然においてではない。自然は神の業績であり，そしてそれゆえに自然は，それを創り出した神的な悟性にとってのみ完全に透けて見える。人間が真に理解することができるもの，それは彼には汲みつくすことのできない事物の本質（Wesenheit）などではなく，むしろ彼自身の業績の構造と特性である。数学もまた，それがもつ明証性と確実性をこうした事態に負っている。というのも，数学が関係するものはそれが写し取ろうとする身体的 - 現実的な対象ではなく，むしろ思考が自由な下図によって作り出す理念的な対象だからである。しかし当然のことながらこの数学に固有な価値は，同時にそれが踏み越えることのできない限界をも示している。数学が取り扱う対象は，人間の精神がそれらに貸し与えた抽象的な存在以外の存在ではない。それゆえそれは，わたしたちの認識が直面している不可避的な二者択一である。つまり，一方でそれは「現実的なもの」へと方向づけられていることもあり得るだろう。しかしながらこの場合に数学は，それが対象とするものに完全に浸透しているのではなく，むしろただ経験的に，そして一つずつ個々の特徴や標識にしたがって記述しているに過ぎない。また他方で，そうでなければそれは完全な洞察を，つまり対象の本性や本質を示す適切な理念を獲得する。しかしそれによってそれが固有な概念形成の領域の外に踏み出すわけ

16

ではない。この場合にその対象は，数学にとって認識が恣意的な定義にしたがってそれに帰した性状をもつに過ぎない。ヴィーコによると，わたしたちがこうしたジレンマから抜け出す道を始めて獲得するのは，わたしたちが経験的な自然認識の領域と同様に数学的な知識の領域を踏み越えるときである。人間文化の業績は，完全な認識がもとづくそれら両方の条件を統合した唯一のものであり，それらは単に概念的に考え出された存在だけではなく，また完全に規定された存在，個別的で歴史的な存在をも有する。しかしながらこの存在の内部構造は，人間の精神自身がそれらの創造者であるために人間の精神にとって近づくことができるし，開かれている。神話，言語，宗教，詩，これらは人間の認識に真にふさわしい対象である。そしてヴィーコが彼の「論理」の構築において，まずもって視線を向けるのはこれらのものである。この論理が初めて客観的な認識の領域を，つまり数学および自然科学の領域をあえて突破し，それらに代わって人文学の論理として，つまり言語，詩文，歴史の論理として成立するのである。

4　自然の論理から人文学の論理へ：
ヴィーコとヘルダー

　ヴィーコの『新しい学』（*Scienza nuova*）は，その名称にふさわしいものである。そこでは真に新しいものが見出された。ただし，この新しいものというのは，その著作が与えた解答にあるよりも，むしろそれが設定した諸問題のうちに現れている。これらの問題が含む富は，ヴィーコ自身によっては完全には意識されなかった。ヴィーコの許では半ば神話的

第1論考　人文学の対象

な黄昏(たそがれ)のうちで休止していたものが，ヘルダーによって初め
て哲学的な意識の光明のなかへ引き上げられた。ヘルダーも
また，厳密な体系的思想家ではない。彼がどれほど言葉の本
来的な意味で「認識批判」に同調していないかは，彼のカン
トに対する関係が示している。彼は分析しようとするのでは
なく直観しようとする。彼にとっては一般的に規定されてお
らず，具体的ではない知識，つまり直観的な意味内容で満た
されていないすべての知識は空虚である。それにもかかわら
ずヘルダーの業績の意義深さは，単にその内容だけみても，
言語哲学，芸術理論，歴史哲学といった領域での新たな洞察
のなかに含まれているだけではない。それと同時にわたした
ちがこの業績から学び得ることは，新しい認識形式の登場と
その最終的な勝利であり，もちろんその形式はそれの素材か
ら引き離されてはおらず，むしろこの素材の自由な形象で，
そしてその精神的な支配と貫徹でのみ明瞭となる。ちょうど
ヴィーコがデカルトの汎数学主義と，彼の自然観がもつ機械
論に反対したのと同じように，ヘルダーはヴォルフのスコラ
的な体系に，そして啓蒙期における抽象的な悟性の文化に反
対する。彼が戦いを挑んだものはこの文化の暴虐的な独断論
であり，それは「理性」に勝利を得させるために，人間にお
ける他のすべての心的および精神的な諸力を屈従させ，抑圧
しなければならない。ヘルダーはこの暴虐性に対して，彼の
師であるハーマンによって植えつけられた次のような根本的
な原則を引き合いに出す。すなわち，人間がなさねばならな
いことは，彼の能力の総合と強固な統一に由来するべきであ
り，すべてのばらばらなものは非難されるべきである。ヘル
ダーにとってこの統一は，彼の初期の哲学においてはなお人
類の歴史の初めにある歴史的な事実のように思われている。

18

4 自然の論理から人文学の論理へ

彼にとってそれは失われた楽園であり，人間性は大いに賞賛された文明の進歩のなかでそこから遠ざけられた。詩だけがその最古にして根源的な形式のなかに，この楽園の記憶を留めていた。それゆえ，ちょうどハーマンとヴィーコが同じくそう認めたように，ヘルダーは詩を真の「人類の母語」と認めている[7]。詩のなかで彼は，人間の歴史の端緒においては言語と神話，歴史と詩を本当の統一へと，つまり分割されていない全体へとつくりあげていた根源的な統一を呼び出し，甦らせようとする。しかしヘルダーの許でこのような「原始的なもの」や原初的なものへのルソー的な憧憬は，彼が自分の道を進んでいくのに応じてますます克服されていく。彼の歴史と文化の哲学が『人類歴史哲学考』において到達した最終的な形態では，全体性という目標はわたしたちの背後にではなく，むしろ前方に横たわっている。これによって彼の学説全体の力点が変化する。というのも，いまや精神的な諸力の細分化は，もはや根源的な統一からの単なる離反と見なされるのではなく，むしろそれは積極的な意味と価値を獲得したからである。真の統一性とは，まさに分離を前提し，分離によって自らを復元するものである。すべての具体的 - 精神的な出来事，すべての真正な「歴史」は，単にこの「収縮」と「弛緩」，分離と再統一という絶えず新しくする過程の像に過ぎない。ヘルダーがこの普遍的な概念にまで高まった後にはじめて，彼にとって精神的な個々の契機が本当の自立と自律を獲得した。もはやそれらのうちの何ものも他のものに従属させられることはなく，むしろそれぞれが同じ権利をもつ要素として全体とその構造に決定的な影響力を及ぼしている。また，純粋に歴史的な意味では真に「第一のもの」や「第二のもの」などはなく，絶対的に「より早いもの」や

第 1 論考　人文学の対象

「より遅いもの」など何もない。精神的な事実として考えれ
ば，歴史は時間のなかで相互に入れ替わり，押しのけあう出
来事の単なる連続では決してない。歴史とは，変化の直中に
ある永遠に現在的なもの，ὁμοῦ πᾶν〔すべてが同時に〕で
ある。歴史の「意味」は，個々の瞬間のなかだけにあるので
はなく，そしてまた他方でその意味は，それらの瞬間のそれ
ぞれにおいて完全であり，強固なものである。

5　歴史主義：ヘルダーによる「精神の現象学」

　しかしながらそれによって，ヘルダーの最初の探求，と
りわけ彼の『言語起源論』ではなおも重要な役割を演じて
いる，記述史的な（historisch）「起源の問題」は姿を変え，
そしていっそう高い考察の段階へと上げられる。歴史的な
（geschichtlich）視点は決して止揚されない。しかしそれは，
人が記述史的な問題を体系的な問題と結びつけることなしに
は，まさに記述史的な地平はそのまったき広がりと自由にお
いて可視化できないことを示している。いまや要求されてい
ることは，決して単なる発達の歴史ではなく，むしろ「精神
の現象学」である。ヘルダーはこの現象学を，ヘーゲルが理
解したのと同じ意味では理解していない。ヘルダーにとって
は精神の本性によって予定され，そして指示された確定的な
行程，それは最終的にすべての形式を踏破した後に終わりが
始まりへと再び戻ってくるまで規則的なリズムで，つまり弁
証法の三つの段階で内在的な必然性をもって現象する形式か
ら他の形式へと移っていく行程など存在しない。ヘルダーは
永遠に湧き出る歴史の生命を形而上学的思考の循環のなかに
再び取り込むような仕方では探求しない。むしろそれに代

20

5　歴史主義

わって彼の許では，もっともそれは彼の業績では最初のなお
不確かな輪郭が明らかにされているだけではあるが，或る他
の問題が現れてくる。彼がいっそう深く言語に固有な「本
性」のなかへ，詩の本性のなかへ，神話と歴史の世界のなか
へと入り込むことによって，現実認識の問題がいっそう複雑
な形態を帯びてきて，いっそう豊かな構成となる。いまや
「自然な」対象が考察の唯一のテーマで唯一の目標となって
いる限り，わたしたちはこの問題を解けないだけでなく，そ
れに固有で完全な意味で問うことさえできないことが明瞭で
明白となる。自然な宇宙，自然科学の世界は，いっそう普遍
的な問題設定にとっては或る特殊な例やパラダイム〔範例〕
を成すに過ぎない。この問題設定こそ，デカルト以降の哲学
的思考を支配してきた汎数学主義，普遍数学という理想に
徐々にとって代ったものである。そのなかに宇宙の理念が，
つまり徹底した秩序の理念が現れているのは，数学的宇宙や
物理学的‐天文学的宇宙だけではない。この理念は自然現象
の法則性のうえだけに，つまり「物質」（Materie）の世界だ
けに制限されているのではない。わたしたちは特定の画一的
な構造の規則が多様なものや相違したものに現れるところで
は，どこでもその理念に遭遇する。そのような構造規則によ
る支配こそ，わたしたちがもっとも広い意味で「客観性」と
いう名で言い表すものへの，もっとも普遍的な表現である。
これをわたしたちにとって完全に明瞭なものへと高めるため
には，それをわたしたちはすでに古代の思考が見出していた
「宇宙」の概念の根本的な意味に結びつけるだけでよい。何
らかの「宇宙」，つまりある種の客観的な秩序と確実性は，
多様な主観が「共通の世界」に関係づけられ，それに意識的
に参与するところでは，どこにでも存在する。わたしたちが

21

第1論考　人文学の対象

感覚知覚の媒介によって自然的な世界像を構築するところに
だけこの事態が生じるのではない。わたしたちが世界の「意
味」として理解するもの，それはわたしたちが自分自身の表
象世界に閉じこもるのではなく，超個人的なものや普遍的な
もの，そしてすべての人に妥当するものへと向かっていくと
ころでは，どこでもわたしたちに現れる。そしてこの個人的
な制限の突破の可能性と必然性は，言語現象においてほど疑
いもなく，明瞭に現れるところは他にない。語られた言葉は
単なる音響や音声となることは決してない。その意図は何か
しらを意味することである。それは「発話」の全体に組み合
わされ，そしてこの発話は，それが一人の主観から他の主観
へと渡り，そして両者を互いに対話のなかで結びつけること
によってのみ「在る」。それゆえヘルダーにとって言語を理
解することとは，すでにヘラクレイトスにおいてそうであっ
たのと同様に，世界を理解することの本来的で典型的な表現
になる。ロゴスは個別的なものと全体的なものを繋ぐ紐帯で
ある。それは個々の人に次のことを，すなわち，彼の自我の
我意，ἰδίη φρόνησις〔私的な想念〕に留まるのではなく，
むしろ普遍的な存在，κοινὸν καὶ τεῖον〔全体的にして神的
なもの〕に到達できることを保証する。

　言語に備わっていて，その諸概念のなかに現れている理性
から，科学的な理性へと道はさらに続いている。言語はそれ
に固有な方法をもってしては科学的な認識を生み出すどころ
か，それに到達することすらできない。しかしながら言語は
科学的な理性に至るためには不可欠な道程である。それは媒
体であり，そのなかでのみ事物の知識が生まれ，そして成長
し続けることができる。命名の行為は，科学に固有な課題で
ある規定する行為にとって不可欠な前段階であり，条件であ

5 歴史主義

る。ここから，言語論が認識論の構築において必然で不可欠な要素を成すこと，そしてそれがなぜなのかが明らかになる。科学の理論をもって，つまり数学，物理学，生物学，あるいは歴史学の基礎概念や諸原理の分析をもって認識批判を始めるものは，ある意味で高すぎる地点に梯子をかけることになる。しかしそれと同様に，知識とは感覚知覚の要素によってわたしたちに直接与えられるものの単なる確認に他ならないと考えるものもまた，正しい出発点を失っている。心理学的な分析もまた，それが認識論的な先入観なしに導かれる限りでは，こうした事情を明らかに際立たせている。なぜならそれは，言語は感覚がわたしたちに直接与える内容や関係の単なる複製ではまったくないことを示しているからである。言語の観念は，感覚主義的な教説が要求するような，単なる印象の複製では決してない。むしろ言語は精神的な活動の特定の根本傾向，つまり心的‐精神的な行為の総体であり，そしてこの行為のなかで初めてわたしたちに或る新しい現実の側面が，つまり事物の実在性が拓かれる。ヘルダーの門徒であると同時にカントの弟子でもあったヴィルヘルム・フォン・フンボルトは，言語は所産（Affektion）ではなく機能（Funktion）であるという表現を打ち出した。言語は単なる産物ではなく，むしろ連続していて絶えず自らを新しくする過程であり，この過程が進むにつれて，人間に対して彼の「世界」の輪郭がますます明瞭に，そしてはっきりと浮かび上がってくる。それゆえ名称は，単に外的な記号（Kennzeichen）として既成の現存する対象的直観に添えられるのではなく，むしろそのなかに知識を得る（Kennenlernen）ためのある種の道程，手法，そして方向が現れるのである。

第1論考　人文学の対象

6　生産的な過程としての言語習得

　わたしたちが子供の言語の発達に関して知っていることの
すべては，この基本的見解が実際に正しいことを証明する。
なぜなら言語の発達のなかで，すでに獲得されている対象的
直観の或る特定の段階に他の段階が繋ぎ合わされ，そのなか
でまたこの与えられた所有物が命名される，つまりそのなか
で記しを付けられ，言葉で把握されるというのは明らかに事
実ではないからである。むしろ言語の意識，つまり目覚めた
シンボルの意識は，それ自身が強くなり，拡大されて明瞭に
なるのに応じて，知覚と直観にその判を押すのである。言語
のエネルギーが，素朴な状態というおぼろげで区別のないカ
オスに光を照らし，区別を与え，組織化することに成功する
限りにおいて，知覚と直観〔内容〕は「対象的」になる。言
語的シンボルは心的 - 精神的生命の新たな局面を拓く。単な
る衝動的な生命，つまり直接的な印象やその時々の欲求への
埋没に，「意味」をもった生命がとって代わる。これらの意
味は繰り返し反復可能なものであって，それらは単にここと
今だけに執着するのではなく，むしろ数え切れないほど多く
の生命の局面で，そして多くの異なる主観によって習得され，
使用されるなかで自己同一的なもの，それ自身と等しい
ものとして考えられ，理解される何かである。束の間の印象
がもつ多彩や多様を超えて成立する思考の同一性によって，
少しずつ段階的に特定の「持続」，つまり「共通の宇宙」が
現れてくる。わたしたちが言語の「習得」と呼んでいるもの
は，それゆえ決して単なる受容的あるいは再生的な過程では
なく，むしろもっとも高度に生産的な過程である。自我がそ

24

の過程で獲得するものは，存立している秩序への洞察だけでなく，むしろ自我はこの秩序をもその一部として構築する。そして自我はその秩序を，所与のものや現存するものとして，単純にそのなかへ自分自身を当てはめることによってではなく，むしろ，それぞれの個人が自分自身のためにそれを獲得し，かつ，その獲得において，そしてその獲得によりその秩序の維持と革新に参与することによって，自我はそれの分け前にあずかるのである。発生的な観点からも，わたしたちは次のように言うことができる。すなわち，言語は個人が入っていく最初の「共通の世界」であり，そして言語の仲介を通して初めて対象的な現実の直観が拓ける，と。この発展がさらに進んだ段階で繰り返し明らかになることは，言語の意識と対象の意識がいかに密接に，そして解き難く互いに結びつけられ，相互に組み合わされているかということである。新たな言語を習得する大人でさえ，単に新しい音響や記号を獲得したというだけではない。人がその言語の「精神」のなかへ入り込むやいなや，つまり彼がその言語で考え，そしてそのなかで生き始めるやいなや，彼に対象的直観の新たな領域が同様に拓けるのである。いまや直観は，単に広がりだけでなく，明瞭性と規定性をも獲得したのであって，新たなシンボルの世界は経験と直観の内容を新たな仕方で分類し，分節し，そして組織化する動機となる[8]。

7　18世紀における形而上学の絶対主義の終焉

　そうした考察にもとづいてのみ，わたしたちは哲学における対象の問題と，特殊科学におけるそれとの間にある対立を全体的に明らかにすることができる。この対立を最初に明瞭

第1論考　人文学の対象

な定式にしたのはアリストテレスであった。哲学とは一般存在論であり，それは「存在するものとしての存在」に関する学であると彼は説く。個別科学は特殊な対象に焦点を絞り，その性質と規定性を問う。形而上学，すなわち πϱώτη φιλοσοφία〔第一哲学〕は存在そのものへ，つまり ὄν ἦ ὄν〔存在である限りでの存在〕へと向けられている。しかしながらアリストテレスとすべての彼の後継者たちにおいては，この認識の性質と目的の分離は対象性そのものでの分離へと導かれている。論理学的な区別に存在論的な区別が適合する。この認識の形式によって，哲学的に認識されるものは経験的に把握可能なものの領域を超えて進んでいく。それは経験的に条件づけられたものとは対照的に，無条件的なもの，それ自身に即して存在するもの，絶対的なものとなる。カントの批判哲学はこの形而上学の絶対主義に終焉をもたらした。しかしながらこの終焉は，同時に或る新たな始まりでもあった。カントの批判哲学は，経験主義や個別科学の実証主義から区別されることを意図していて，またそれは「客観性」の問題を普遍的に理解し，そして解決しようとする。カントがこの解決を成し遂げることができたのは，ひとえに彼が特殊科学そのものを尋ね，そしてその構成と密接に繋がることによってであった。彼は純粋数学から出発し，そこから数学的自然科学へ進んでいこうとした。そして彼は『判断力批判』において生命現象の認識を可能にする根本概念を問うことによって，ふたたび考察の領域を拡大している。カントが「人文学」の構造的な分析を行うべく試みたのは，もはや彼がそれを自然科学に対して行ったのと同じ意味においてではない。しかしこのことは，けっして批判哲学の問題に内在的で必然的な制約を意味しているのではない。ここに現れて

7 18世紀における形而上学の絶対主義の終焉

いるのは18世紀に科学が置かれていた状況から生じてきた単に歴史的な，そしてその限りで偶然的な制約に過ぎない。こうした制約がなくなることによって，つまりロマン主義思想以降に，独立した言語学，芸術学，宗教学が生じたことによって，一般認識論もまた新たな課題に直面したのであった。しかしながらそれと同時に，個別科学の今日的な形態がわたしたちに示していることは，もはやわたしたちは19世紀の経験主義的および実証主義的体系によってなされていたように，哲学と個別科学の間を分断することはできないということである。わたしたちはもはや一方で哲学に「原理」の探求を留保しておきながら，特殊科学に「事実」の抽出と収集を命じることはできない。この「事実に関するもの」と「理論に関するもの」の間での区別は，まったく人為的であることが証明される。それは認識という有機体を細分化し，切り刻んでいるのである。「ありのままの」事実——つまり特定の概念的な前提を考慮し，その助けによって確かめ得るもの以外の出来事など何もない。それぞれの事実に関する確認は，特定の判断の関係においてのみ可能であり，それはそれ自身で確かな論理的条件にもとづいている。したがって「現象」と「妥当」は，いわば空間的にお互いから区別され，それらの間に確固たる境界線が引かれているような，二つの異なる領域ではない。むしろそれらは，相関的にお互いが属し合っていて，そしてこの共属することで初めてあらゆる知識の根本的および根源的持続を形成する契機となる。この点において，独断論的経験主義によるある種の命題への決定的な論駁を含んでいるのは，科学的な経験的知識そのものである。精密科学の領野でもまた，「経験的知識」と「理論的知識」，つまり実際的な知識と原理的な認識は相互に一致して

いることが明らかになった。科学の構築においては，「上り道と下り道は同一である」（ὁδὸς ἄνω κάτω μίη）[9]というヘラクレイトスの言葉が妥当する。科学という構造物がいっそう大きく成長するのに応じて，そしてそれがいっそう自由に空へと舞い上がるのに応じて，その基礎の吟味と絶え間ない刷新とが必要になる。新たな事実の流入に「さらに深遠なる基礎づけ」[10]が伴わねばならず，そのことはヒルベルトによるとすべての科学の本質に属している。もしもそうであるならば，諸々の原理を見つけ出し，確保する仕事を個別科学から取り上げ，特定の「哲学の」分野，つまり「認識論」や「方法論」にそれらを移すことはできないということが――そしてそれはなぜなのかが――明らかになる。もしもこの問題の範囲さえもが，ますます個別科学とその権利が争われるようになるのだとすれば，その場合に哲学にとってはいかなる要求が，そしていかる特殊な領域がなおも残されているであろうか。最終的にわたしたちは「存在としての存在」の理論を確立するという形而上学の古い夢や哲学の古い要求を放棄し，その代わりに個別科学に，それ自身による存在の解釈を実行させ，それ自身の対象をそれに固有な手法と手段において規定することを委ねてはならないのだろうか。

8　「シンボル形式」の一つとしての科学

しかしながら，たとえ哲学自身が，それの概念や課題に関して新たな見解を定めなければならない時がきたとしても，「客観性」の問題はなおもわたしたちの前に一つの謎として存立していて，その解決を個別科学だけに負わせることはできない。なぜならこの問題が属しているのは，もしもわ

8 「シンボル形式」の一つとしての科学

たしたちがそれを完全な普遍性において捉えるならば，それ自身が科学によっては全体として把握されたり満たされたりすることのできない領域だからである。科学は「シンボル形式」の体系における一つの成員，一部をなす要因である。それはある意味ではこの諸形式の建造物における要石に相当する。しかし科学は，それだけでは成立することができず，またそれは「概観する視点」，つまり精神的な「総合」という任務に向かって一緒に関与するもう一つのエネルギーに援護されなければ，科学はその特殊な成果をあげることができない。ここでもまた，直観なき概念は空虚であるという〔カントの〕命題が妥当する。概念は現象の全体を包摂しようとする。そしてそれは分類，包括，そして従属という道を通ってこの目標に辿りつく。概念は多様なものを種と類の下で秩序づけ，それを一般的な諸法則——それらの法則としては，すべての個別的現象とすべての特殊な法則にその地位が割り当てられている，固く接合した体系を構築する——によって規定する。しかしこのような論理的な区分において概念は，至るところで直観的な区分と結びつかざるを得ない。「論理」，つまり概念的 - 科学的な認識はいわば空虚なものにおいてその仕事を遂行するというのでは決してない。それはまさに無形な質料を見出し，それに対して形相を形作る力を行使するのではない。論理の「素材」でさえ，つまりそれを普遍的なものへと昇華するために前提される特殊なものでさえ，まったく構造を欠いたものではない。構造をもたないものは単に考えられ得ないというだけでなく，知覚されたり客観的に直観されたりすることもない。言語の世界と芸術の世界はわたしたちに，このような前論理的な構造化にとっての，つまり概念の働きの前に横たわり基礎をなしているこの「刻印さ

れた形式」にとっての直接的な証明を与えている。その形
式は概念の論理的な従属とは異なる道をあゆみ，そしてそ
れとは異なる法則にしたがっている。わたしたちはこのこ
とをすでに言語の例で明らかにしたが，それは芸術の素材
（Organismus）にとっても同様に妥当する。彫刻，絵画，建
築は或る共通した対象をもっているようである。それらのな
かで表現されているものは，すべてを包みこむ空間の「純粋
直観」のようである。そしてまた，絵画の空間，彫刻の空
間，建築の空間は「同一」ではなく，それぞれにおいて或る
特殊な，そして独自な解釈の仕方，空間的な「見方」が表現
されている[11]。これらの多様な「展望^{パースペクティブ}」は一方ではお互い
から区別されねばならないが，他方でそれらは相互関係にお
いて認識され，そしてそれによっていっそう高い視点の下で
統一されねばならないのである。

9 「シンボル形式の哲学」の意義

　このような分離と合一，つまり διάκρισις^{ディアクリシス} と σύγκρισις^{シュンクリシス}
は，プラトンが哲学本来の基礎学である「弁証法」の課題
と見なしているものである。古代の思想はプラトンの弁証
法を拠り所とし，それは二千年にわたってすべての精神的
な発展を支配し，その刻印が押された形而上学的世界像を
構築した。カントと共に始まったこの「思考様式の革命」[12]
は，このような世界像は科学的に基礎づけることができない
と宣言する。しかしカントはこのような仕方ですべての形而
上学的存在論の要求を断念するからといって，それによっ
て「理性」の統一性や普遍性を放棄しようとするのではな
い。理性は彼の批判によって揺さぶられることはなく，むし

9 「シンボル形式の哲学」の意義

ろそれは保護され，或る新たな根拠のうえで基礎づけられる。いまや哲学の課題は，個別科学だけが接近可能な特殊な存在に代わって一般的な存在を捉えることでも，経験的な知識に代わって「超越的なもの」の認識としての「一般存在論」（Ontologia generalis）を基礎づけることでもない。ὂν ἡ ὂν〔存在である限りでの存在〕に関するこの形式，つまり絶対的な客観への実体化は放棄される。カントの許でもなお，「理性的認識」は単なる「悟性的認識」から厳密に，かつ，鋭く区別される。しかしながら，悟性的認識の彼方に悟性的認識からは自由な固有の客観を探求する代わりに，理性的認識はむしろ制約されたものの体系的全体そのもののなかに「無制約なもの」を探求する。ここで対象の統一に対して機能の統一がとって代わったのである。この目的を達成するためには，哲学はもはやそれに固有な領域で特殊科学と争う必要はなかった。哲学はそれらに完全な自律，自由，そして自己立法を認めることができる。なぜなら哲学は，これらの特殊な法則を制限したり抑圧したりしようとするのではなく，むしろそれに代わってその全体を或る体系的な統一へとまとめ上げ，そしてその統一をそのものとして認識しようとするからである。哲学は「物自体」，つまり現象世界の「彼方」や「背後」にある対象の代わりに，「現象そのもの」の多種多様性，豊かさ，そして内的相違を追究する。この豊かさを人間精神が捉えることができるのは，ただそれが自分自身において自分を分化する力をもつことによってのみである。精神はそこで立ち向かう新しい問題のすべてに対して，新たな理解の形式を造りあげる。この点に関して「シンボル形式の哲学」は，形而上学がその独断的な形態においては断念せざるを得なかった統一性と普遍性の要求を保持すること

31

ができる。それは世界認識の様々な仕方や方向を自らのうちで統合できるだけでなく，それを超えて，人間精神がなし得るすべての世界理解の試み，すべての世界の解釈にその権利を認め，それらをその独自性において理解することができる。この手法によって初めて客観性の問題がそのまったき広がりにおいて明らかになり，そしてそのように捉えられることによって，それは自然の宇宙だけでなく，文化の宇宙をも包みこむのである[13]。

II

1　古代の二元的世界像から自然科学的一元論へ：「進化」の概念

　数多くの絶えず刷新される試みの後に，また，哲学の学派間での不断の闘争の後に，最終的に 19 世紀の科学が「哲学的人間学」の問題にその正統な立場を割り当てたようである。人間とはなにかという問いが——プラトン主義やキリスト教，そしてカント哲学の根本学説に同調して——人間を「二つの世界の市民」とせざるを得ないときには，それは絶えず解き難い難問と二律背反に導いていた。この壁は 19 世紀の科学において初めて最終的に取り除かれたようである。それは人間を自然に対峙させたり，その上に置いたりするように迫られることなしに人間の特殊地位を確保することができた。「進化」の概念は従来の自然に関するすべての謎とすべての「世界の謎」を解くための鍵であると言明された。この立脚点から見れば，「文化」と「自然」の間での対立命題

1 古代の二元的世界像から自然科学的一元論へ

もまた，すべての弁証法的な鋭さを失わざるを得なかった。その問題を形而上学の土壌から生物学の土壌へと移し，それが純粋に生物学的な観点の下で考察され，扱われることに成功するやいなや，この対立命題は解消されたのである。

　当然のことながら，ここでの進化の概念を現代の自然科学的な思考の成果と見なすことはできない。むしろそれはギリシア哲学の最初の端緒にまで遡り——そしてそれはこの哲学の絶頂期に，プラトンの「二元的」世界像の支配を打ち破るための重要な手段の一つであるように思われた。この課題はアリストテレスによってまったく意識的に据えられた。しかしながら進化の概念はそのアリストテレス的な形では，依然としてこの課題を解決することができなかった。なぜならそれは，その真価を証明すべき最後の決定的な問いの前では無力だったからである。アリストテレスは有機的な自然と生物の序列とは，一方の形相から他方の形相へと移っていく上昇的な進化であると述べている。彼にとっては人間の魂でさえ，広い意味で——わたしたちがそれを「植物的」あるいは「感受的」な魂として理解するときには——そのようなものとして特定の身体に結びつけられた自然の形相に他ならない。魂は有機的な身体の「完成態_{エンテレケイア}」なのである。それにもかかわらず，アリストテレスの心理学が全体として生物学へ解消されることはなかった。というのも，ここにはアリストテレス自身によっても，彼の弟子や後継者の一人によっても完全には消し去ることのできなかったものが残されているからである。「思考する」魂は，栄養に関わる魂や，あるいは感覚する魂の原初的な機能へとそれを還元しようとするすべての試みに反対した。それは自らに固有な地位と例外的な地位を主張するので，ついには或る他の独立した起源が与えられ

第1論考　人文学の対象

ざるを得なかった。アリストテレスの心理学においてわたし
たちが知覚から記憶へ，記憶から表象能力（φαντασία）へ，
そして表象能力から概念的な思考へと進んでいくとき，不断
の発展の原理がこれらの進歩のそれぞれで確証される。しか
しその際にわたしたちは，飛躍が不可避的になる点へと導か
れるのを突如として目の当たりにする。なぜなら「思考の
力」は，そのもっとも崇高にして純粋な活動においても，こ
の道に到達することができないからである。思考の力は独自
の働きであり，そうあり続ける。「能動理性」は魂的なもの
の世界に属していて，それを有機的な生命の諸要素によって
説明することはできないのである。それゆえここでもまた，
突如として二元論が生じ——そしてアリストテレスが思考の
力，つまり νοῦς は外側から（θύραθεν）生命の世界に降下
してきたと説明するときには，そのことが明確に表現されて
いる。

　アリストテレスの形而上学と心理学がここで目の当たりに
した裂け目を閉じることができなかったということは理解で
きる。というのも，アリストテレスの形相概念はプラトンの
イデア概念にもとづいており，たとえそれがイデア概念から
もっとも大きく遠ざかっているように思われるところでさ
え，それは共通の本質的な前提に結びつけられているからで
ある。現代の進化概念がここで初めて最終的な帰結を引き出
そうとする。その概念は真剣に連続性を要求し，それをあら
ゆる分野へと押し広げる。いっそう高度な生命形式が流動的
な移行を通して原初的な形式に結びつけられているように，
それらのうちにおいても有機的な存在の次元そのものから離
れた機能はあり得ない。たとえこの次元を超えて突き抜け
て，「他の世界」に属していると思われるものでも，それが

34

1 古代の二元的世界像から自然科学的一元論へ

いかなる仕方で生命の根本的 - 根源的な層から生じ，そして永続的にその層に関連しているのかが示されない限り，それは単なる幻影であり，そうあり続ける。真の生物学的世界像はまさにこの点に有効な措置を講じなければならない。思弁的な進化の概念が──アリストテレスの許でも，ライプニッツとヘーゲルの許でも──なし得なかったことは，経験的な進化の概念によってなされるべきであるし，成されるであろう。それによって初めて厳密に「一元論的な」ものの見方への道が開かれ，初めて「自然」と「精神」との間の溝が埋められるように思われた。そうした観点からすれば，ダーウィンの学説は人間の由来に関する問いに対する答えだけでなく，人間文化の起源に関するすべての問いに対する答えをも包含することを約束する。ダーウィンの学説が最初に登場したときには，そのなかで何世紀にも渡る不毛な努力の後でようやく「自然科学」と「人文学」を結びつけて一つにする紐帯が見つかったと思われた。1863 年にアウグスト・シュライヒャーは彼の『ダーウィン理論と言語学』を上梓した。そこではダーウィニズムの基礎にもとづく新たな人文学の計画_{プログラム}が完全に素描されている。もともとシュライヒャー自身はヘーゲルの学説から出発した。しかし彼は，そのなかでは問題の解決があり得ないこと，そしてそれはなぜなのかを確信的に理解していた。彼はまずもって言語学を自然科学と同等の認識にまで高めることになる，言語学の方法論の原理的な改造を要求した[14]。それによってようやく物理学，生物学，そして言語学にとっての，──そしてそれによって間接的にはすべての「精神科学」と呼ばれるものにとって──或る共通した基礎が獲得されたように思われた。その三つの領域すべてを結びつけ，そしてそれらの間の本質的な相違のすべて

35

第1論考　人文学の対象

を抹消したのは，一つの同じ〔進化という〕因果関係であった。

2　ユクスキュルの環境理論：
生物の設計図と人間の自由

　19世紀最後の十数年間に，ダーウィンの学説の妥当性に関する疑念が生物学そのものにおいていっそう強まった際に，こうした解釈に対する最初の反動が生じた。いまや人は，この学説の経験的限界を指摘するだけに留まらず，むしろそれまで以上にはるかに強くその学説の哲学的な基礎が確実であるか否かに注意を向けた。そしてここでは形相の概念が突如として新たな復活を経験する。生気論（Vitalismus）は直接的にこの概念に助力を求め，そしてそれに支えられて「有機体の自律」や「生命の自律」といった命題を実現すべく試みる。ここでわたしたちがこの運動を追跡するのは，それが人文学の基礎づけに，そしてその論理的な特性に関する問いに影響を与えた限りにおいてである。この問いそのものは生気論の真正な闘士たちからは遠くかけ離れていた。ドリーシュは形而上学者でありながらも，純粋な自然科学者であり続けた。彼は決して精神科学の論理を構築しようとは試みなかった。彼の体系的な前提に従えば，彼はそうした論理そのものを疑わざるを得なかった。なぜなら歴史の科学的な価値は彼によってもっとも厳しく否認されたからである。それにもかかわらず——もちろん間接的な仕方においてのみではあるが——生気論によって取り入れられた新たな思考の方向性もまた，わたしたちの問題に影響を与えた。この影響を追求することは有意義であろう。というのも，それは本来的

36

2 ユクスキュルの環境理論

で本質的な衝動をまったく異なるモチーフと問題領域から得たその後の仕事に効果的な仕方で備え，そして多くの点で豊かな土壌を用意したからである。かつてユクスキュルは次のように述べた。すなわち，19世紀の唯物論はすべての現実がエネルギーと質料から成り立つと主張することによって，第三の本質的な要素をまったく見落としていた，と。それにともない，唯物論は〔現実を〕決定し，規定する形式に対しては盲目的であった[15]。ユクスキュルは彼の『理論生物学』のなかで，ふたたびこの要素に正当な地位を与えようとするが，他方で彼はすべての無関係な形而上学的および心理学的観念をそれから遠ざけようともする。彼は純粋に解剖学者として，つまり客観的な自然科学者として語る。しかしながら彼によるとまさに解剖学の研究は，あらゆる有機体がそのなかで「自分自身を全体へと織り込む」ところの自己完結的な世界を提示するために厳密な証拠を提出するのに適している[16]。有機体は部分の寄せ集めではなく，むしろ相互に依存し合う諸機能の体系である。わたしたちはこの結びつきの性質をそれぞれの動物の「設計図」から直接読み取ることができる。「生物に関する学説は純粋な自然科学であり，それは唯一の目的を——生物の設計図を研究すること，つまりそれの由来（Entstehung）と成果（Leistung）の研究という目的——を有する」[17]とユクスキュルは説明する。いかなる有機体も独立に存立して，その「環境」から引き離された存在とは考えられない。その有機体の特殊な本性を成すものは，それが環境に対して有する独特な関係，つまりそれがいかに環境から刺激を受け，いかにその刺激を自身のうちで変革しているのかという，あり方なのである。これらの設計図の研究がわたしたちに示しているのは，こうした観点においては

37

第 1 論考　人文学の対象

下等生物ともっとも高度に発達した生物の間に違いは何もな
いということである。きわめて原始的な有機物であっても，
そのすべてにおいてわたしたちは一定の「感受系」と「反応
系」を認めることができ，そのすべてでいかにさまざまな
「機能的円環」がお互いに調和しているのかが明らかになる。
ユクスキュルによるとこの繋がりは生命そのものの表現にし
て，基礎現象である。或る動物がその設計図にもとづいて受
け取ることができる外的世界の刺激は，そのものにとって手
元にある唯一の現実を構成し，この自然な制約によって他の
あらゆる存在領域から一線を画すのである[18]。

　ユクスキュルの著作のなかで極めて独特な仕方で提示さ
れ，そして最大限に実り豊かな仕方で遂行されたこの現代生
物学の問題は，わたしたちに或る道を，つまりわたしたちが
その追求において「精神」と「生命」の間の，つまり有機的
形式の世界と文化的形式の世界の間での，明瞭で確かな境界
設定に到達し得る道を開示することができる。ここにある相
違は，純粋に自然な相違として記述すべく絶えず試みられて
きた。人はそれによって人間そのものが特徴づけられ，そし
てそれによって他の生物の領域から際立ってくる，明確な外
的特徴を追い求めた。時としてどのような空想的な構築物が
このような特徴に，たとえば人間の直立歩行という事実に結
びつけられてきたかは，よく知られたところである。しかし
ながら経験的な認識の進歩は，人間と有機的自然の間に建て
ようと試みられたあらゆる隔壁を取り払ってしまった。ここ
で一元論はいよいよ明確に，そして圧倒的にその主張を堅持
した。ゲーテは彼の顎間骨の発見において次のことへの，す
なわち自然のいかなる形態も，その他のものからまさしく引
き離され，分離されてはいないことへの，もっとも美しく，

38

2　ユクスキュルの環境理論

かつ，もっとも重要な証明を見た。わたしたちがここで唯一
探求し，そして確実性をもって提示することができる相違は
決して自然的な相違ではなく，むしろ機能的な相違である。
新しいもの，文化の世界に現れるもの，それは特定の個別的
な特徴の記録によっては把握されないし，記述できない。な
ぜなら決定的な変化が横たわっているのは，新たな特徴や属
性の出現にではなく，むしろわたしたちが動物の世界から人
間の世界へと移るやいなやすべての規定が経験する，独特な
機能の変化だからである。ここで，そしてここでのみ，実際
の μετάβασις εἰς ἄλλο γένος〔他の類への移行〕が認めら
れる。人間が到達することのできる「自由」が意味している
ことは，彼が自然から抜けだし，その存在あるいは作用から
免れ得るということではない。人間もまた，他のすべての生
物と同様に，彼に対して定められた有機的な制約を克服した
り，打ち破ったりすることはできない。しかしながら人間は
その制約の内側で，それどころかその制約にもとづいて，彼
だけが近づき，到達し得る運動の幅と自立性を生み出す。か
つてユクスキュルは，それぞれの生物の設計図とそれによっ
て規定される「感受系」と「反応系」との間の関係は，牢獄
の壁のごとく堅固にこの存在を取り囲んでいると述べた。人
間がこの牢獄から逃れるのは，その壁を破壊することによっ
てではなく，むしろそれを自覚することによってである。こ
こでは限界を知っているものはすでにその限界を越えてい
る，というヘーゲルの言葉が妥当する。意識するようになる
ことは，人間に与えられた自由の始まりと終わり，アルファ
にしてオメガである。必然性の認識と承認は，「精神」が
「自然」に対して成し遂げねばならない本来の解放の過程な
のである。

第1論考　人文学の対象

3　人間に固有な世界としての「表象界」

　個々の「シンボル形式」，つまり神話，言語，芸術，認識
は，この過程にとって不可欠な前提条件をなしている。「シ
ンボル形式」とは人間がそれらによって自分自身を世界から
切り離すために，そしてまさにこの分離においていっそう堅
固に世界と結びつくために創りだした固有の媒体である。こ
の媒介するという特性は，それがすべての人間的な作用に
とって特有で典型的であるように，すべての人間的認識をも
特徴づけている。植物と動物もまた，単にそれらの環境から
諸々の刺激を絶えず受け取ることによってだけでなく，むし
ろそれらに特定の仕方で「応答する」ことによってのみ存在
している。そしてそれぞれの有機体はこの応答をそれぞれ異
なる仕方で行う。ユクスキュルが彼の著作『動物の環境と内
的世界』[19]で示したように，ここではきわめて多彩きわめ
て繊細な色分けが可能である。しかし動物の世界には全体と
して，特定の統一的な行動の型が成立しており，それは至る
ところで同じ条件にしたがっている。その応答は直接的な時
間的帰結においてその刺激に従わねばならず，そしてそれは
常に同じ仕方で行われねばならない。わたしたちが動物の
「本能」と呼んでいるものはそうした固定された行為の連鎖
に他ならず，その個々の鎖が動物の本性を通してあらかじめ
規定された仕方で相互に一致している。個々の状況は，一定
の運動を呼び起こす行為の衝動として作用する。そして最終
的に特定の「衝動の旋律」が常に同様の仕方で流れだすよう
になるまで，それとは別の動機が，そしてまたさらにそれと
は別の動機が，この最初の衝動に結びつく。生物はこのよう

40

3　人間に固有な世界としての「表象界」

な旋律を奏でてはいるが，勝手にその旋律に干渉することはできない。その生物が特定の課題を解決するために通り抜けねばならない道は敷かれており，有機物はその道を探し求める必要はないし，また何らかの仕方で変更することもできずにそれを辿っているのである。

　わたしたちが人間的な行為の領野に踏み込むやいなや，これらのすべては根本的に変化する。人間の行為はそのもっとも単純でもっとも原始的な形式においてでさえ，動物が反応するその仕方とは鋭く対立する，ある種の「間接性」によって特徴づけられる。人間が道具の使用へと移るやいなや，この行動の型の変化はもっとも明瞭に現れてくる。というのも，人間が道具そのものを発明するためには，直接的な必要の領域を超えてその外に目を転じなければならないからである。人間は道具を生み出すことによって，欲求や瞬間の困窮から外に出て行為する。人間は実際の刺激によって直接的に動かされる代わりに，「可能的な」欲求に目を向け，それを充足するための手段を前もって準備する。それゆえ道具が寄与する目的には特定の予見が含まれている。〔人間の〕衝動はただ現在の渇望にだけ由来するのではなく，むしろそれは未来にも属していて，未来はこのような仕方で有効になるために何らかの仕方で「先取り」されていなければならない。こうした将来の「先取り」はすべての人間の行動を特徴づけている。わたしたちはそれに続いて「可能性」から「現実性」へと，つまり潜在能力から行為へと移るためには，まだ存在していないものを「心象」としてわたしたち自身の前に置かなければならない。この主要な特質はわたしたちが実践的な領域から理論的な領域へと向かうときにいっそう明瞭に現れる。わたしたちのすべての理論的概念そのものもまた，

41

第1論考　人文学の対象

「道具的なもの」という特徴を帯びているという限りでは，両者の間に原則的な相違はない。それらは結局のところ，わたしたちが特定の課題を解決するために作り出し，そして常に新しく作り出さねばならない道具に他ならない。理論的概念は感覚知覚と同じ様には個別的な所与に，つまり或る具体的な現在の状況には結びつかない。それらはむしろ可能性の領域を進んでいき，そしていわば可能性の枠組みを確定しようとする。人間の想像，思念，思考，そして判断の地平が広がれば広がるほどに，それだけいっそうわたしたちがそれを見渡すために必要とする中間項目の体系は複雑になる。発語されるシンボルはこの鎖における最初のもっとも重要な項目である。ところがそのシンボルには，それとは異なる種類で，異なる由来をもつ形態（Gestalt）が，つまり神話，宗教，芸術の形態が連なっている。まったく同一な根本的機能が，つまりシンボル的なものそのものの機能が，さまざまな主要な〔文化の〕方向において発達し，そして絶えず新たな形象（Gebilde）を生み出す。これらの形象の総体こそ，特殊な人間の世界を特徴づけ，際立たせるものである。動物的な「感受界」（Merkwelt）と「反応界」（Wirkwelt）に，人間の領域においては新たな世界が，すなわち「表象界」（Bildwelt）が加わった。そしてこの表象界こそ，それが前進するにつれて人間を支配するいっそう強力な力を獲得していくものである。

4　技術的文化の完成による人間の自己喪失：言語の問題

しかしここでは当然のことながら，或るもっとも困難な問

42

4 技術的文化の完成による人間の自己喪失

いが，つまり，人間が文化の発達経過において繰り返し取り組まねばならなかった問いが生じてくる。ここで辿られる道は，致命的な邪道ではないのか。人間はこのような仕方で自然から自分の身を切り離し，自然な実在の現実性と直接性から遠ざかってもよいのだろうか。人がその代わりに得るものは依然として良いものであろうか，さもなければそれは彼の生命にとってもっとも重大な脅威ではなかろうか。哲学がその本来のもっとも崇高な課題を自覚していたとき，つまりそれが世界についてのある種の知識（Wissen）というだけでなく，人間文化の確かな知識（Gewissen）であろうとしたときには，哲学はその歴史の流れのなかでいつも改めてこの問題へと導かれた。進歩への素朴な信仰に自分自身を委ねる代わりに，哲学はこの「進歩」とされるものの目標に到達することができるのかを問うだけでなく，またそれが目指すに値する目標であるのかどうかも問わねばならない。そして，ひとたびこれに関する疑念が目を覚ますと，もはやそれを抑えることはできないように思われる。その疑いがもっとも強力に示されるのは，わたしたちが現実に対する人間の実践的な関係に注目するときである。人間は道具の使用を通して事物の支配者の役を進んで引き受けた。ところがこの支配権は，人間自身にとっての祝福というよりはむしろ呪いとなった。自然な世界を服従させるために人間が発明した技術は，人間自身に逆らって向きを変えた。それは高まる自己疎外だけでなく，むしろ最終的には人間存在の一種の自己喪失にもつながった。人間の欲求を満たすように思われた道具は，その代わりに無数の人工的な欲求を生み出した。こうした観点からすると技術的文化の完成は，いずれも本当に不吉な贈り物であり，そうあり続ける。それゆえ原始的で破れておらず，直

第1論考　人文学の対象

接的な存在への憧憬が繰り返し突如として現れざるを得な
いし，生命の領域が技術によって抑えつけられるにつれて，
「自然へ帰れ」という呼び声もいっそう強くならざるを得な
い。かつてユクスキュルは下等生物に関して次のように語っ
た。すなわち，すべての動物はその環境にまったく適合して
いるので，そのなかでは乳飲み子が揺りかごのなかにいる
のと同じように落ち着いて，かつ，安心して安らいでいる，
と。しかしわたしたちが人間の領域に踏み込むやいなや，こ
うした安らぎは決定的に失われる。すべての動物の種属はそ
の欲求と衝動の範囲のなかへいわば呪縛されていて，その本
能によってあらかじめ定められた世界とは異なる世界を何も
もっていない。しかし動物がそれに向けて創られたところの
世界のなかでは，揺らぎや誤りは何もない。つまり本能によ
る制約は同時にもっとも高度な安全性を与えるのである。も
はやいかなる人間の知識も，またいかなる人間の行為も，再
びこうした種類の疑いのない実在や疑いのない確実性へと立
ち返る道を見出すことはない。なぜなら人間が自分自身で生
み出した精神的な道具は，技術的な道具よりも遥かに疑わ
しいものだからである。しばしば言語は過度に称賛されてき
た。人は言語のなかに，人間を動物より高める「理性」に固
有な表現と明白な証を見出した。しかしながらこうした点に
おいて引用されたすべての議論は，真正な論拠にもとづいて
いるのか——あるいはことによるとそれは，単に言語がそれ
で自慢する虚しい自己神化ではないだろうか。哲学の歴史に
おいて，この「言語」と「理性」の混同を警告するのみなら
ず，言語のなかに理性への本来の敵対者と対立者を見出した
重要な思想家が不足することはなかった。彼らにとって言語
は人間の認識を導くものではなく，誘惑するものであった。

44

彼らが説くには，認識がその目的を成し遂げるのは，それが言語に決然と背を向け，もはやその内実に惑わされなくなるときである。バークリーは次のように言った。「われわれの視線を天空に拡げ，そこから地球の内部を探知しようとしても無駄である。学者の書物を援用し，古代のおぼろげな痕跡を追求してみても無駄である。われわれはただ言葉のカーテンを取り去りさえすれば，認識の木をはっきりと目のあたりにすることができ，われわれの手の届くところに，すばらしい木の実を見いだすことができる」[20] と。

5　芸術の人文学的価値

　バークリー自身は，哲学を言語の支配からのみならず，「概念」の支配からも解放するということのほかには，なんらこの闘争への打開策を見出すことができなかった。というのも彼は，概念は「抽象的」で「普遍的」なものとして，名称と言葉のなかに明示されている一般性に関係づけられているだけでなく，むしろ解き難くそれらと結びついているということも見落とさなかったからである。それゆえここでは，或る根本的な解決のみが助けとなり得る。すなわち現実性は，概念と「論理」から解放されねばならないし，純粋な真理捕捉（Wahrnehmung）に，つまり「知覚」の領域に制限されねばならない。わたしたちがこの後者の領域を出るとき，つまりわたしたちが知覚されること（percipi）から〔概念的に〕考えられること（concipi）へと進もうと試みるときには，わたしたちが逃れることを欲した言語の力に再び捕らえられていることを目の当たりにするであろう。あらゆる論理的な認識は，判断つまり理論的な反省の行為のなかで生

第1論考　人文学の対象

じる。しかしながら，反省という言葉がすでにそれに不可避
的に付きまとう欠如を示唆する。「反省された」対象は決し
て対象そのものではなく——また，わたしたちが差しはさむ
新たに映し出すすべての側面は，ますますそれの根源的で独
自な事実からわたしたちを遠ざける恐れがある。古来よりそ
のような考察は理論的懐疑主義に固有な温床を作り上げてき
た。そして言語論だけでなく芸術の理論もまた，その歴史の
経過のなかでこれと似た問題と格闘しなければならなかっ
た。プラトンは芸術を断念して拒絶する。なぜなら彼は，芸
術は真実と仮象の間での闘争においては，哲学ではなくむ
しろソフィストの側に立っているとそれを非難するからであ
る。芸術家は真実の永遠な原像（Urbild）であるイデアを直
観していない。その代わりに彼は模像（Abbild）の領域を徘
徊し，すべての力をこの模像を作り上げることに費やし，そ
れらを見る人に，それらが真実そのものであるかのように見
せるのである。詩人と画家はソフィストと同様に永遠の「偶
像作者」（εἰδωλοποιός）である。彼らはそこに在るものと
しての存在を捉える代わりに，わたしたちに存在の幻影を
密かに押し付ける。美学が「模倣説」の土壌で立ち止まって
いる限り，このプラトンの異議を原則的に覆そうと試みても
無駄であった。人は模倣を正当化するために，それらの価値
の理論的あるいは美学的な根拠づけではなく，それとは他の
快楽主義的な根拠づけを試みた。美学的合理主義もまた，し
ばしばこの方法を採用してきた。それはもちろん模倣がもの
ごとの本質を汲みつくすことはできないということ，つま
り「仮象」が決して事実に到達することはないということ
を強調してはいた。だが，その代わりにそれは，模倣に内
在する快楽的な価値を指摘しており，その価値が高まれば高

46

5 芸術の人文学的価値

まるほどにそれは原型の像（Vorbild）へ近づいていく。ボアローの『詩法』は，すでに古典的な簡潔さと明瞭さをもってその最初の詩句でこの思考過程を述べている。それが説くには，芸術家の描写においては怪物でさえ喜ばれることがある。なぜならその喜びは，対象そのものにではなく，むしろ卓越した模写にかかわっているからである。この目的がただ奇妙な回り道を通ってのみ到達可能であるとしても，それによって，少なくとも美学的なものそのものに固有な次元を規定し，それの自立した価値を認める可能性が生まれたかもしれない。しかしながら厳密な合理主義と形而上学的な独断論の土壌では，この問題の最終的な解決は得られなかった。というのも，ひとたびわたしたちが論理学的な概念が事物の本質の認識にとって不可欠で十分な前提であることを確信すると，事物の本質から特殊的に区別されるものや，その明瞭性や判明性に達することのないものは，すべて最終的に本質のない（wesenlos）仮象であり続けるからである。この場合には精神的な形式の，単に論理的なものの領域の外側にある幻影としての性格は否定され得ない。人がその幻影の心理学的な起源を追求し，そして人間的な表象力および人間的な空想力の構造に関してその経験的な条件を示そうと試みる限りでのみ，その幻影としての性格がそういうものとして提示され，そしてその限りでのみ説明され，正当化されるのである。

　しかしながら人が事物の本質を最初から固定したものとして扱うのではなく，むしろそのなかにあらゆる認識と理解がそれを目指す，いわば無限に遠い点を見るのであれば，その問題はまったく異なった転回を得ることになる。この場合に対象の「所与」は，客観性の「課題」へと変貌する。そして

第1論考　人文学の対象

こうした課題には，明らかにされているように理論的な認識
のみが関与するのではなく，むしろすべての精神的な 力
がそれぞれに固有な仕方でそれに参与しているのである。い
まや言語と芸術にもそれらに固有な「客観的」意味が与えら
れる——それは言語と芸術がそれ自体で存立している現実を
後からまねて形作る（nachbilden）からではなく，むしろそ
れを前もって形作るから，つまりそれらは客観化の特定の方
法であり，方向だからである。そしてこのことは，外的な経
験の世界と同様に，内的な経験の世界にも妥当する。形而上
学的な世界観や実体二元論にとっては，「魂」と「身体」や
「内的なもの」と「外的なもの」はお互いから厳密に区別さ
れた二つの存在領域を意味している。これらの相互作用の影
響の可能性は，形而上学がさらに固有な結論を導き出すにつ
れてますます不明瞭で問題的になるとしても，それらはお互
いに影響し合うことはできる。しかしそれでもそれらの間で
の根本的な相違は克服できない。「主観性」と「客観性」は
それ自身に対してそれぞれ一つの領域を作り上げる。そして
特定の精神的形式の分析は，それが二つの領域のどちらに属
しているのかを明らかにすることができたときに初めて成功
し，完了するようである。ここで適用されるのは，あれかこ
れか，「こちら側」か「そちら側」か，である。その規定は
ある種の空間的な指定によって考えられていて，それは意識
あるいは存在のなかで，内的世界あるいは外的世界のなかで
一つの現象にその場所を割り当てる。しかしながら批判的な
解釈からすれば，まさにこの二者択一は〔誤謬を含んだ〕弁
証法的な仮象に解体する。それが指示していることは，内的
経験と外的経験は異なった別々のものではなく，むしろそれ
らは共通の条件にもとづいていること，そしてそれらはただ

48

共同して，不断のつながりのなかで重なりあって作り出され得る，ということである。ここでは実体的な区別に代わって，相関的な繋がりと補完が現れるのである。

6　芸術における主観と客観の相互浸透

　しかしながらこの特徴的な相互規定は，単に科学的認識の領域だけに当てはまるのではない。その規定はまた，わたしたちが知識と理論的把握の領域を超えて垣間見るさいにも同様に見出される。言語においても，芸術においても，また神話と宗教においてですら，単なる「自我」と「世界」の対立のみが支配しているというのではない。ここでもまた，両者の直観は絶え間なく進展する両極の「対向」（Auseinandersetzung）に至る同一の過程において形成される。この対向関係は，そこでの繋がりが止揚されるとしたら，つまりそれが主観あるいは客観という極の孤立となり得るのだとすれば，それは本来的な意味〔での対決〕となるであろう。ここでもまた，二つの区分，すなわちシンボルかあるいは対象かという区分けが不可能であることが判明する。いっそう詳細な分析がわたしたちに教えていることは，すべての「対象」または事実を把握するための前提条件がまさにシンボル的なものの機能であるということである[21]。現実と仮象の間での対立は，このような洞察によって異なる特徴と意味を帯びてくる。芸術において次のことはただちに明らかである。すなわち，もしも芸術が「仮象」そのものを放棄しようとするならば，芸術家の直観や形象と同様に現象も失われるということである。「彩られた映像」[22]において，そしてそれにおいてのみ，芸術はそれにふさわしく固有な生命を得

第 1 論考　人文学の対象

る。いかなる芸術家もこの描写のなかで，また，描写を通して，彼自身の自我に表情を与えることがなければ，自然本性を描写することはできない。対象的なものが，まったき客観性と具象性をもってわたしたちのまえに据えられることがなければ，自我のいかなる芸術的表現も可能ではないであろう。偉大な芸術作品が生まれる際には，主観的なものと客観的なもの，感情と形象は，お互いのなかへと没入し合い，お互いのなかで完全に解消されねばならない。ところで，芸術作品は決して単なる主観的なものやあるいは客観的なもの，心的世界の模写やあるいは具象的世界の模写ではあり得ず，むしろそこでは両者の真の発見──その発見は一般的な性格においては理論的な認識になんら劣ることはない──が生じているということ，そしてそれがなぜなのかが，そこから明らかになる。こうした観点からゲーテは正当にも次のように述べることができた。すなわち，わたしたちが目に見えて掴むことのできる形象を通して事物の本性を認識することが許されている限り，表現様式（Stil）は認識における最深の基礎に，つまり事物の本性に依存している，と。もしも芸術が単に外的な実在やまたは内的な出来事を反復すること以外に何もできないとしたら，たしかにそれはきわめて疑わしく，そしていかなる場合でも非常にみすぼらしい営みに留まるであろう。この意味でもしも芸術が存在の複製であるとしたら，プラトンがそれに向けた次のような非難，すなわち人はすべての芸術の「精神的な」意味を否認しなければならないという非難はすべて妥当であろう。というのも，真の観念性，つまり直観的形象のそれと同様に理論的概念の観念性は，受容的あるいは模倣的ではなく，つねに生産的な態度を内に含んでいるからである。それは古いものを他の形式の下

50

6 芸術における主観と客観の相互浸透

で再生するのではなく，むしろ新しいものを発見しなければ
ならない。もしも芸術が，この芸術にとっての崇高な使命を
全うしないのであれば，それは精神の無為な娯楽や空虚なお
遊びであり続けるであろう。

　人がこうした芸術の基本的な特徴に気づくためには，あら
ゆる時代の真に偉大な芸術作品を一瞥するだけでよい。これ
らの作品のそれぞれは，新しいものに，わたしたちがそれま
で知らなったものにそこで出会うのだという印象を与える。
ここでわたしたちに立ち現れてくるものは，単なる模倣や再
生ではなく，むしろ世界がわたしたちにいつも新しい仕方
で，新しい側面から開示されるように思われる。もしも叙事
詩（Epos）が過去の出来事を記録し，人間の記憶のなかで
その出来事を甦らせることしかできないとしたら，もはやそ
れを単なる年代記（Chronik）から区別することはできない
であろう。しかしながらホメロスやダンテ，あるいはミルト
ンについて考えるだけで，わたしたちがそれぞれの偉大な世
界文学の叙事詩において，なにかまったく異なるものに邂逅
するのだということを確信するのには十分であろう。ここで
問題とされていることは，単なる過去の報告ではない。むし
ろわたしたちは叙事的物語が紡ぐ糸によって，出来事の全体
と人間的世界の全体が新たな光のうちで現れる世界観へと移
されるのである。こうした特徴は，一見したところ「もっと
も主観的な」芸術にも，つまり叙情詩（Lyrik）にも備わっ
ている。叙情詩は他のいかなる芸術の類よりもその瞬間に堅
く結びついているように思われる。叙情的な詩は一度だけで
束の間の，けっして戻ることのない気分をいわば空中ですば
やく捉え，留めておこうとする。叙情詩は個々の瞬間から湧
き出るのであって，その独創的な瞬間を超えてきらめくこと

51

第 1 論考　人文学の対象

はない。それにもかかわらず，ゲーテが永遠なものを一時的
なものにおいて視覚化することが理想的な思考方法の特徴で
あるという言葉で示したような類の「理想性」は，叙情詩に
おいてもまた，そしてことによると叙情詩においてもっとも
強力に証明される。叙情詩は瞬間に埋没することによって，
また，ただその瞬間をその感情と気分の内実全体から汲み上
げようとすることによってのみ，その瞬間に持続性と永遠性
を与えるのである。叙情的な詩が詩人の瞬間的で個人的な感
情を言葉で捉えること以外のなにものも為し得ないのであれ
ば，それは他のいかなる言語的な表出からも区別されないで
あろう。〔そうすると〕すべての言語が叙情詩であるだろう
し，またすべての叙情詩が単なる言語表現であるだろう。ベ
ネデット・クローチェは実際に彼の美学においてこうした結
論を引き出した。それにもかかわらず，わたしたちはここで
総じて表現の「最近類」（Genus proximum）に加えて，叙情
的表現の特殊な相違にも目をとめねばならない。叙情詩は
けっして単なる言語的な感嘆詞の強化や昇華ではない。それ
は単に瞬間的な気分の表明ではないし，苦難と快楽，痛みと
喜び，高揚と絶望という感動（Affekt）の対立極の間に横た
わるすべての音調の目盛りを完全に読みとろうとするのでも
ない。叙情詩人がその痛みに「旋律と文体」[23]を与えること
に成功するとき，彼はそれによって単に新たな覆いを生み出
したというだけではなく，彼はそれを内的に変革したのであ
る。詩人は感動の媒介によって，それまでは閉ざされていて
近寄りがたかった心の深淵をわたしたちに覗かせる。またわ
たしたちが抒情詩のこうした基本的特性を確信するために
は，ただ叙情詩の様式の発達における本来の転換点と頂点を
想起するだけで十分である。すべての偉大な叙情詩人は彼が

52

6　芸術における主観と客観の相互浸透

単に自分の自我を表現しようとすることによって，わたした
ちに新たな世界感覚（Weltgefühl）を識別できるように教え
ているのである。彼はわたしたちがそれまで決して見たこと
がないと思っている形象のなかに生命と現実性を提示する。
サッポーの歌，ピンダロスの頌歌，ダンテの『新生』，ペト
ラルカのソネット，ゲーテのゼーゼンハイム歌曲と西東詩
集，ヘルダーリンやレオパルディの詩，これらのすべてがわ
たしたちに与えるものは，ただちに消え去り無に帰すために
わたしたちの前に浮かびあがる一連の儚い個別的な気分では
ない。これらはすべて「存在し」，「存在し続ける」。それは
わたしたちに一つの認識を拓くのであって，それは抽象的な
概念では捉えることができないが，それにもかかわらず，新
しいもの，今まで知られていなかったものや見覚えのないも
のの開示としてわたしたちのまえに成立する。芸術は他方で
すべてのその客観的な形象を具体的および個別的にわたした
ちのまえに据え，それによってもっとも強靭で強烈な生命で
それらを満たすが，それは個別的なものにおいてもなお客観
的なものを感じ取らせ，認識させることを可能にするという
ことが，芸術のもっとも偉大な成果の一部をなしている。

第 2 論考
事物の知覚と表情の知覚

1 19 世紀における自然主義と歴史主義の分裂

　過去 100 年の間に，つまりゲーテとヘーゲルの死以降の時代に哲学と科学がおかれていた内的危機は，ことによると自然科学と人文学の関係のなかにもっとも明瞭にその特徴を示しているかもしれない。研究の発展のみが両分野におけるただ一つの絶え間ない勝者の行進を意味していた。内容的にだけでなく，むしろ方法論的な観点からも，つまり研究テーマの断続的な拡大に関してだけでなく，むしろその精神的な形成とその徹底に関しても，この時代はほとんど類を見ないほどであった。厳密な自然科学は前進しながらその領域を拡大したというだけでなく，それはまったく新しい認識の道具を生み出した。生物学は自然な形態の単なる記述や類型といった状態を踏み越え，有機的形態の真正な理論となった。人文学に関していえば，それはなおいっそう大きな課題のまえに立たされていた。なぜならそこでは，カントがなおそれに関しては数学と数学的自然科学のみに残されていると信じていた「学の確実な道」[1]を見出すことがまずもって肝要だったからである。ロマン主義の時代以降，歴史学，古典的文献学と考古学，言語学，文学および芸術学，比較神話学，そし

54

1 19世紀における自然主義と歴史主義の分裂

て宗教学は絶えずこれに新たな試みを加えた。これらの学はいっそう鋭敏にその課題を捉え、そしていっそう詳細にその特殊な思考と探求方法を発展させた。しかしながら、わずか一世紀の間に知識が成し遂げたこれらすべての栄えある勝利は、或る重大な欠陥と内的損失に直面していた。それぞれの分野における研究がとめどなく進展できたとしても、それらの内的統一はますます疑わしいものとなった。哲学はこの統一を主張することができず、また拡大していく細分化を止めることもできなかった。ヘーゲルの体系は知識の全体を包括し、支配的な思考によって組織化しようとする最後の偉大な試みである。しかしながらヘーゲルはこの目標に到達することができなかった。なぜなら彼が打ち立てようとした諸々の力の均衡は、彼の許では単なる仮像であり続けるからである。ヘーゲルの奮闘および彼の哲学的野心は、「自然」を「理念」と和解させることであった。しかしながら彼の許ではそうした和解ではなく、むしろ単に絶対的な理念への自然の服従が生じただけであった。自然はなんら固有の権利を保持しておらず、それが有しているのは外見上の自立だけである。自然はそのすべての存在を理念からの領地として保持している。というのも自然は、その絶対的な存在や絶対的真理においてではなく、むしろ自己疎外において、つまりその「他在」（Anderssein）において考察される限り、自然は理念そのものに他ならないからである。ここにヘーゲルの体系における真のアキレスの踵〔つまりその弱点〕が横たわっていた。それは増大する力を伴ってこの箇所に向けられた攻撃に長く耐えることができなかった。

　当然のことながら自然科学と人文学そのものはヘーゲルの学説のこうした運命によって直接影響されるとは思われな

55

第 2 論考　事物の知覚と表情の知覚

かった。両者はその資産をヘーゲルの体系の苦難から救うことができたし，その後それらはなんら哲学的な後ろ盾もなく固有の道を歩めば歩むほどに，ますますそれらの資産を断固として主張し，確実なものにすることができると信じていた。しかしながらこの道はそれらをますます大きく引き離し，それきりこの分離が確定したように思われた。19 世紀における哲学の発展は，自然科学と人文学の間のこの裂け目を取り除くのではなく，むしろいっそう拡大した。なぜならその際に哲学そのものがますます自然主義と歴史主義という二つの敵対的な陣営に分かれていったからである。両者の間での闘争は絶え間なく尖鋭化した。自然主義と歴史主義の間には仲裁や和解が見出されないというだけでなく，それらの間では相互理解が可能であるとさえ思われなかった。エルンスト・トレルチが歴史主義の発展に関して与えた優れた叙述において，わたしたちは歴史主義のあらゆる個々の局面での闘争を辿ることができる[2]。そしてここでは認識批判や方法論の問題は，純粋に科学的な議論ではほとんどそれに接近することができない「世界観」の対立ほどには重要でなかったように思われる。そうした事態を論理的に解明しようとする僅かな試みの後に，その論敵はそこから追い出されることはないが，当然のことながら，他方を納得させたり論駁したりすることもなく，ただそれ自身で持ちこたえることができるに過ぎない，ある種の形而上学的な本拠地（Grundposition）に引き下がっている。そのため自然科学と人文学，自然主義と歴史主義の間での区別は，ほとんど個々の研究者たちの感情や主観的な嗜好に委ねられているようであり，論争が客観的な論証に対してますます優位性を得るのである。

　こうした争いのなかで批判哲学は，カントによって据えら

1　19世紀における自然主義と歴史主義の分裂

れた一般的な課題に忠実であり続けた。それがまずもって試みたことは，その問題を本来の土壌に戻すこと，つまりそれは形而上学の司法権からその問題を取り上げ，それを単に認識批判の亜種と見なそうとする。ヴィンデルバントが彼の『歴史と自然科学』（1894）という講演で成し遂げた重要な成果はこの点にある。ヴィンデルバントの理論は自然科学と歴史学の間の対立を世界観の対立としてではなく，むしろ方法論的な対立と見ている。そのためそれは，一方的に自然主義か，歴史主義に専念することはできず，それは自然認識と歴史認識を知識にとって同様に不可欠で同等の権利をもった要素と見なさねばならず，それらの要素相互の関係のなかで規定されねばならない。自然科学の「法則定立的」概念と歴史の「個性記述的」概念というヴィンデルバントの区別はこうした関係を固定しようとする。しかしながら彼のこの区別は一見して単純で明快なように思われるかもしれないが，それはまさにこの単純さにおいてそれが叙述しようとする最高度に複雑な事態を正当に評価してはいない。プラトンは弁証法〔論理学〕の論者に恣意的な概念的区分で満足しないことを要求した。弁証法の論者が種と類にしたがって全体を分類するとき，その際に彼はその構造を壊してはならない。つまり彼は〔全体を〕切り分けるのではなく，むしろ「自然な結合」（κατ’ ἄρθρα ἦ πέφυκεν）に応じて区分しなければならない。ヴィンデルバントの区別が現実にこの要求を満たしていなかったことは，とりわけリッケルトによる彼の思想の遂行と実現によって明瞭になった。リッケルトもまた，自然科学的 - 普遍的なものと歴史の個別的なものを鋭い切り口で切断する。しかしながら彼は，学問そのものがその具体的な仕事においては論理学者の規則に従うのではなく，むしろ

第2論考　事物の知覚と表情の知覚

絶えずそれを踏み超えていくということをただちに認めざる
を得ない。理論が引かねばならない境界線はこの仕事のなか
で常に繰り返し曖昧になり，明確に区別された両極端ではな
く，わたしたちはたいていの場合何らかの混在的 - 移行的形
式を見出すのである。自然科学のさなかに歴史の概念的な手
法によってのみ扱うことができる問題が浮かび上がり，また
他方では歴史的な対象に自然科学的な考察方法を適用するこ
とを妨げるものはなにもない。すべての科学的な概念は，実
際に一つのもののなかで一般であるのと同時に特殊であり，
それの課題はまさに両者の間での総合を確立することにあ
る。またリッケルトの理論によると，すべての歴史的 - 個別
的なものの認識は一般的なものへの関係を包含している。し
かしながら彼によると，自然科学的な類概念と法概念という
一般性の代わりに，歴史的認識においてはそれとは他の基準
の体系，すなわち価値概念の体系が現れる。或る事実を歴史
的に理解し，歴史的に分類するというのは，それを一般的な
価値に結びつけることを意味している。そのような結びつけ
によってのみ，歴史的認識がそのものとしては決して把握す
ることのできない個別的なものの無限な豊かさを明確な指針
にしたがって通り抜け，そしてそれをこの過程にもとづいて
内的に分節することに成功する。ところがこれによってその
理論は或る新たな問題に直面し，その問題の困難さは人がそ
れに固有な出発点を思い浮かべるほどに増していく。ヴィン
デルバントとリッケルトはカントの弟子として語った。彼ら
はカントが数学的自然科学に対して行ったことを歴史学と文
化科学に対して行おうとした。彼らは歴史学と文化科学を形
而上学の支配から引き離し，それらをカントの「超越論的
な」問題設定という意味において，その可能性の条件にもと

58

1 19世紀における自然主義と歴史主義の分裂

づいて探求されるべき事実として取り上げようとした。その際に一般的な価値の体系をもつことがこれらの条件の一つであるとすれば，いかにして歴史家はそうした体系に到達し，いかにしてその客観的妥当性を根拠づけるのかが問われる。もしも歴史家がこの基礎を歴史そのものから取り出そうとするならば，論理の循環に陥る危険が彼を脅かす。もしも歴史家がそのような体系をア・プリオリに構築することを望むならば，リッケルト自身が彼の価値の哲学において追求したように，そのような構築は何らかの形而上学的な前提なしには不可能であること，そしてその問題が最終的な分析においてはまさにそれが出発点に帰着するということが繰り返し明らかになる。

　ヘルマン・パウルは人文学の諸原理に関する問いを解決するために，ヴィンデルバントやリッケルトとは異なる方向に進んだ。彼は一般的な概念の区別に立ち止まるのではなく，むしろそれを直接的に彼の具体的な探求へと結び付け，そしてその豊かさから〔知識を〕汲み上げることができたという点で，二人に対する優位をもっている。この仕事は言語学で有効であったし，またパウルにとって言語史の問題は彼が自分の基本的洞察をそれに沿って発展させた理論的枠組みを形成した。彼は歴史学のいかなる分野も決して単に歴史学的に進むのではなく，むしろ原理の学が常にそれを支えねばならないという前提から出発する。パウルは心理学をそのようなものとして要求した[3]。それによって純粋な歴史主義という呪縛は解かれたように思われた。しかしながら他方で，それによって言語学と人文学が総じて直接的に心理主義に陥るという危機に立たされた。パウル自身の理論がこの危機を免れてはいなかった。それは主要な問題においてはヘルバルトを

59

第2論考　事物の知覚と表情の知覚

拠りどころとし，その基本的な心理学的洞察を基礎としたのである。ところがそれによって，ヘルバルトの形而上学における特定の要素もそれへと知らぬ間に入り込み，その理論の純粋に経験的な特徴を危うくしたのであった。カール・フォスラーは次のように判断している。「人はヘルバルトの心理学に，この哲学者の形而上学を景品として受けとらずには頼ることができない。真の形而上学であるものは経験科学の入口で別れの挨拶をさせない。実際に，認識不能な物自体を含むヘルバルトの不可知論的神秘主義はパウルの言語学全体に暗い影を落としている。そして根本的な問い，つまり言語の本質についての問いは彼の許ではけっして明るみには出ない」[4] と。

ところが言語の「本質」についての問い，あるいは人文学の何か他の対象についての問いが純粋な歴史学的な意味にも心理主義的な意味にも，または形而上学的な意味においても立てられるべきではないとしたら，それはいったい何を意味しているであろうか。そもそもこれらの領域の外側で正当に問われ得る何かがまだ残されているだろうか。それらの領域はすべての「精神的なもの」をそれらの間で完全に分け合っていないのか。ヘーゲルは主観的精神と客観的精神，そして絶対精神という三つの領域を区別した。主観的精神の現象は心理学が研究する。客観的精神はその歴史の他にはわたしたちに与えられない。絶対精神の本質は形而上学においてわたしたちに現れる。そのためこれらの三領域は文化の全体と，すべてのその個別的形式および個別的対象を含んでいるように思われる。概念は——論理学的および形而上学的概念としては——このような分割や三分法の先にわたしたちを導くことはないように思われる。しかしながらここで問題となって

60

いる区別はさらにもう一つの側面をもっており，それは概念の分析を通して完全には解明され得ない。ここでわたしたちはむしろ，歩みを戻さねばならない。知覚そのもののうちに，その連続的な発達においてまさにこの区別へと通じる要素がすでに現れている。「わたしに立つ場所を与えよ」（δός μοι ποῦ στῶ）というアルキメデスの求める点をそこに見出すためには，人はあらゆる意識の現象の基層および根源層へ入り込まねばならない。ここでわたしたちは，ある意味で単なる論理学の限界を超え出ることを要求される。わたしたちは概念形式の分析によって自然科学と人文学の間に存在する特有な相違を完全には解明することができない。わたしたちはむしろ，いっそう深く事を始める決心をしなければならない。わたしたちは知覚の現象学に身を委ね，それがわたしたちの問題にとって何を与え得るのかを問わねばならないのである。

2　知覚の現象学：知覚における「それ」と「汝」

　わたしたちが知覚をその素朴な現象の状態で記述しようと試みるならば，それはわたしたちにいわば二重の顔を見せるであろう。知覚は二つの要素を含んでおり，それらは知覚において密接に溶け合ってはいても，そのどちらも他方へと還元されることはない。それらを実際的に区別することができないとしても，それらはその意義においてはお互いから区別されたままである。或る特定の「対象」について考えず，またそれへと方向づけられないような知覚はない。しかしながらこの必然的で客観的なつながりは，わたしたちが簡略な図式で「それ」の方向と「汝」の方向として示すことができ

第2論考　事物の知覚と表情の知覚

る，二重の方向としてわたしたちに現れてくる。知覚においては，常に対象の極（Gegenstandspol）と自我の極（Ichpol）の分離が成立している。しかしながら自我に対して現れてくる世界は，或る場合には事物の世界であり，また或る場合には人格の世界である。わたしたちは世界を或る時には空間的な客体の全体や時間的な変化の総体と見なすにもかかわらず，また他の時にはそれを何か「わたしたちに似たもの」と見なす。両方の場合に相違性は存在し続けてはいるものの，それ自身のうちに或る特徴的な区別が現れている。「それ」は単に異なるもの，他のもの（aliud）であるが，「汝」は他我（Alter Ego 他の自我）である。わたしたちがそのどちらの方向に進むのかによって，知覚がわたしたちにとって異なる意味を，そしていわば異なる色合いや色調を得るということは間違いないのである。

　人間がこうした二重の仕方で現実を経験するということは間違いなく，疑いの余地もない。ここで問題となっていることは単純な事実であって，いかなる理論もそれを揺さぶることはできないし，黙殺することもできない。なぜ理論にとってはこのような事実を認めることが困難なのであろうか。なぜ理論はこの事実を度外視するだけでなく——それは方法論的にはまったく認められてはいるが——それを否定し，否認しようと何度も繰り返し試みたのか。わたしたちがこの異常な事態の原因を見出すのは次のような傾向を，すなわち，それにあらゆる理論がその起源を負っていて，その理論が進歩するにつれていっそうそのなかで強さを増していく傾向のことをありありと思い浮かべるときである。この傾向は，確かに知覚要素を完全には抑圧することはないが，それを制限することに——その知覚要素からますます余地を勝ち取ること

2 知覚の現象学

に本質がある。すべての理論的な世界の説明はその最初の登場に際して，異なる精神的な力に，つまり神話の力に反対して現れてくる。哲学と科学がその力に打ち勝つためには，個々の神話的説明を他の説明によって置き換えなければならないというだけでなく，全体として存在や事象の神話的解釈に異を唱え，拒絶しなければならない。それらは神話をその形象（Gebilde）や形姿（Gestalt）においてだけでなく，その根源において取り崩さねばならない。この根源とは表情の知覚に他ならない。事物の知覚に対する表情の知覚の優位は，神話的世界観を特徴づけるものである。それにとってはいまだ厳格に規定され，区別された「事物の世界」は存在しない。なぜなら神話的世界観には，すべての理論的認識にとってそれを獲得することが最初の目標となる恒常的な統一性が依然として欠けているからである。〔神話的世界観においては〕すべての形象が他の形象に変わり得るのであって，あらゆる形象があらゆる形象から生じ得る。事物の形姿は固定した特性から作り出されるわけではないので，個々の瞬間に流れ去りがちである。「属性」や「性質」は，繰り返し長期間にわたって同一な規定または同じ関係が見いだされる限りで，経験的な観察のみがわたしたちにそれらを識別することを教える要素である。神話はそのような同質性や同一性を知らない。神話にとっては感動こそが世界の様相を規定するものであるため，世界はそれぞれの瞬間に異なる様相を帯びることができる。現実の特徴は愛と憎しみにおいて，希望と恐怖において，喜びと驚愕において自らの姿を変える。これらの興奮のそれぞれは新たな神話的な形姿を，つまり「瞬間神」（Augenblicksgott）を生み出させる[5]。哲学と科学がこの神話的反作用に，その固有な作用の形式を対立させること

第2論考　事物の知覚と表情の知覚

によって，つまりそれらが或る自立した考察方法，すなわち「理論」を発達させることによって，しだいにそれらが反対の極に押しのけられるのを目の当たりにする。哲学と科学は，表情の知覚にそれぞれ固有な権利を否定することによって，神話が絶えず自らをそこから育む源泉を塞ごうと試みざるを得ない。科学は一つの世界を構築し，そのなかではまずもって表情的な特質，つまり親しいものや恐ろしいもの，好意的なものや驚愕するものという「諸々の性格」は，色彩や音調などの純粋に感覚的な特質に置き換わる。そしてこれらの感覚的な特質もまた，何度も繰り返し還元せざるを得ない。それらは一次的な，つまり純粋に量的な諸規定にもとづく「二次的な」特性に過ぎない。これらの第一次的な規定が認識にとって客観的な現実性としてあとに残されるもののすべてを形成する。物理学はこのような結論を導き出す。そして哲学は，それが物理学の証明以外のいかなる証明も認めない限り，さらに先へと進まねばならない。厳格な「物理学主義」は，わたしたちが「他者の心」の実在に対して与えようと試みたすべての証拠が不十分で無効であると言明するだけでなく，そうした他者の心を，つまり「それ」の世界ではなく「汝」の世界を十分に問うことができる，ということをも否定する。その回答のみならず，すでに問いが哲学的ではなく神話的であるがゆえに，それは根本的に排除されねばならない[6]。

　哲学が認識批判に過ぎず，またそれが認識という概念を，単に「厳密な」科学を含んでいるということだけに制限するのが許されるなら，わたしたちはこのような決定で満足できるであろう。そうすると物理学的な言語が唯一の「間主観的言語」となり，そしてそれに属さないものはすべて単なる錯

64

2 知覚の現象学

覚としてわたしたちの世界像から外れることになる。カルナップは次のように説明している。「人が科学に対して要求するのは——それが単に主観的な価値だけでなく，それを共有するさまざまな主観にとっても有意義で妥当なことである。科学は間主観的に妥当する諸命題の体系である。もしも物理学的な言語が唯一の間主観的言語であるというわたしたちの解釈が正当であるとすれば，物理学的な言語こそが真の科学の言語であるという帰結が生じる」[7]と。このような言語は単に「間主観的」であるばかりか，普遍的でもある。つまりすべての命題はこの言語へと翻訳され，そして翻訳不能な余剰として残されるように思われるものは，総じていかなる事態でもない。

　人がこのような立場をとるならば，たとえば言語の科学は，言語の「現象」に関して音声生理学あるいは音声学において記述されるような確かな物理的規定が示される限りで存在することになるであろう。それに対して言語が「表現」（Ausdruck）であるということ，「心的なもの」は言語のなかに現れるということ，たとえば願望文，命令文はそれぞれ異なる心的態度に相当するということ，これらのすべては，そのものとしては他者の心の実在と同様に確かめることができない。芸術学，宗教学，そして他のすべての「人文学」が，物理的な事物やそのうちで生じる変化の叙述（Darstellung）以外の何ものかであろうとする限り，同じことがいっそう有力な理由をもって妥当することになる。宗教の歴史は，およそわたしたちがそれらを儀式や祭儀，祈祷や生贄と呼ぶような行動様式だけを取り扱うことになろう。それはこの行動様式の流儀やなりゆきをもっとも克明に叙述することができるとしても，それらの「意味」に関するすべての判断を保留し

第2論考　事物の知覚と表情の知覚

なければならない。なぜなら宗教の歴史は次のような基準
を，すなわち，それが「世俗的もの」の領域へ堕落するその
他の行為から，これらの「聖なる行為」をそれにしたがって
区別し得る基準を何ももたないからである。社会的なものの
認識は同一の条件に束縛されているのだから，そのなかでは
個人ではなくむしろ社会的な行為が問題であるという事実で
さえ，それほど助けとはならないだろう。そのような認識は
純粋に行動主義的な叙述においてのみ妥当であろう。またそ
れは，特定の条件下で特定の人間集団に起こることをわたし
たちに示すであろう。しかしながら，もしもわたしたちが単
なる幻覚の虜になりたくなければ，これらの出来事が「意味
する」もの，つまりそのなかで表される表象，思考，心情に
関するすべての判断を注意深く抑制しなければならないであ
ろう。

3 「物理的なもの」における「理念的なもの」： 「意味」の登場

　しかしながらこのような消極的な帰結は，わたしたちに
とっては同時に積極的な洞察をも含んでいる。わたしたち
は「物理学主義」がその問題に関して或る重要な解明をもた
らしたということ，つまりそれは人文学を自然科学から区別
する際に力点を置かなければならない契機を，そのものとし
て見ていたということを否定できない。しかしながら物理学
主義はゴルディオスの結び目〔つまりだれにも解けない難
問〕を解いたのではなく，断ち切ったのである。問いを現実
の普遍性において捉える現象学的分析のみがその解答を与え
ることができる。わたしたちは留保や認識理論的ドグマなし

66

3 「物理的なもの」における「理念的なもの」

に科学的な言語や芸術の言語，そして宗教の言語など，それぞれの言語の性質をその特性において理解すべく試みなければならず，わたしたちはそれらがどれほど「共通の世界」の構築に寄与しているのかを決定しなければならない。「物理的なもの」の認識は，すべてのそうした世界の構築にとっての基礎や土台であるということは確かである。この支柱なしですまされ得る純粋に「理念的なもの」など何もない。理念的なものが存在するのは，それが何らかの仕方で感覚的 - 素材的に叙述され，この叙述において具現化される限りにおいてのみである。宗教，言語，芸術，これらのすべてをわたしたちが理解することができるのは，それら自身が創りだした記念碑的業績においてに他ならない。それらはわたしたちがそのなかでのみ宗教的意味，言語的意味，芸術的意味を理解することができる象徴となるもの，思考と記憶のしるしである。そしてまさにこの相互性こそが，それにもとづいてわたしたちが文化的対象を認識するものを形成する。他のすべての対象がそうであるように，文化的な対象は空間と時間のなかにその地位をもつ。その対象はここと今をもっており，それは生起し，消失する。そしてわたしたちがこのここと今，生起と消失を記述する限り，わたしたちは物理的な確証の領域を超え出る必要はない。しかしながら他方で，そのなかでは物理的なものそのものでさえ，或る新たな機能のうちで現れる。物理的なものは単に「存在し」，「発生する」だけでなく，この存在と発生において何か他のものが「現れる」のである。この「意味」の出現——それは物理的なものから引き離されてではなく，むしろそれのもとで，かつ，それにおいて具現される——は，わたしたちが「文化」という名称で言い表しているすべての内容に共通した要素である。確かに何

第 2 論考　事物の知覚と表情の知覚

ものもわたしたちがこの要素を度外視することや，捨象，無
視，また看過といった仕方で，それらの「シンボル的価値」
に対してわたしたちが盲目になることを妨げることはできな
い。わたしたちはミケランジェロのダビデ像を，その大理石
の性質から調べることができるし，ラファエロの『アテナイ
の学堂』を，特定の品質によって，また特定の空間的配列で
多彩な斑点がつけられた一つのカンバスに過ぎないものと見
なすこともできる。その瞬間に芸術作品は事物のなかでの物
（Ding unter Dinge）となり，それの認識はすべての空間時間
的実在にとって妥当する同一の条件にしたがっている。しか
しながらわたしたちが自分自身をその描写（Darstellung）に
埋没させ，純粋にそれへと身を捧げるやいなや，ふたたび相
違が生じる。わたしたちはその描写に関しては二つの根本的
な要素を常に区別しており，それらはその結合と浸透におい
てのみ芸術的対象の全体を形成する。ラファエロの絵画の色
彩は，それらが或る客観的なものを指示する限り，「描写機
能」をもっている。わたしたちはそれの観察に没頭するので
はない。つまりわたしたちはそれを色彩として見るのではな
く，むしろそれを通して或る具象的なもの，或る特定の場
面，二人の哲学者の語り合いを見るのである。ところがこの
客観的な内容もまた，唯一の真正な絵画の対象ではない。絵
画は或る歴史的な場面，プラトンとソクラテスの語り合いの
単なる描写ではない。なぜならここで実際にわたしたちに語
りかけているのはプラトンとアリストテレスではなく，ラ
ファエロだからである。これらの三つの次元，すなわち物理
的な実在の次元，対象的に描写された次元，そして人格的に
表現された次元は，単なる「作用」ではなく「作品」である
もの，そしてこの意味では「自然」だけでなく「文化」にも

68

属しているすべてのものにとって，決定的であり，不可欠である。これらの次元のうちの一つを無視することや，単一の水準に考察を限定することは，常に文化の表面的な像をもたらすだけであって，何らそれ本来の深みをわたしたちに示すことはないのである。

4　「始発点」としての表情の知覚から「終着点」としての事物の知覚へ

　当然のことながら厳格な実証主義は，この深みの暗闇のなかで道に迷うことを恐れてそれを否定することが常である。そして人は実証主義に対して次のことを，すなわち表情の知覚を事物の知覚と比較する際には，或る特別な困難さと「把握不可能性」が内在しているであろうことを認めねばならない。この把握不可能性は素朴な世界観にとっては存在しない。素朴な世界観は無邪気にも表情知覚の研究に自分自身を委ねていて，そのなかで完全にくつろいだ気分でいる。いかなる理論的論証もその確信のうちではこの世界観を揺さぶることはできない。しかしながら反省がその問題を自分のものとするやいなや，この事態は変化する。人が哲学の歴史のなかで探究してきた他者の心の実在に関するあらゆる論理的証明はその目的を達成しなかったし，また人が与えたあらゆる心理学的説明は不確かで疑わしいものであった。この証明と説明の欠陥を見抜くことは容易である[8]。懐疑主義は常にそれが攻撃を加えるべき弱点を見出すことができた。カントは『純粋理性批判』の第二版に，「心理学的観念論」に対する特別な反駁を差し挟んだ。彼が述べているように，彼はこの反駁を通してわたしたちの外部にある事物の実在を，単に

第 2 論考　事物の知覚と表情の知覚

信じて想定しなければならないという「哲学と一般的な人間理性にとっての醜聞」を取り除こうとしたのであった[9]。「外的世界」の実在ではなく他の主観の実在を問題とするときには，この醜聞はなおいっそう深刻化する。そして確信的な形而上学的独断論者でさえ，この点に関しては懐疑主義的な論証に何か決定的なものを対置することはできないと明言していた。彼らは懐疑を反駁不可能なものと見なしていたが，ただしそれを取るに足らないものとも見なしていた。自分自身の個人以外のあらゆる現象を単なる幻影として捉える理論的なエゴイズムは決して論駁されることはない，とショーペンハウアーは述べている。そうしたエゴイズムはただ精神病棟でのみまじめな確信として感じられるかもしれないが，その場合に必要とされるものは証明であるよりもむしろ治療である。それゆえ人は，独我論を小さな国境の要塞と見なすことができるし，それは確かに難攻不落ではあるが，その守衛はそこから外に出ることができない。そのためわたしたちはそれに立ち入らず，危険を冒すことなくそれに背を向けて構わないのである[10]。他の場合には批判することや自制することをその主要な課題と見なす「常識」に訴えなければならないとすれば，それはもちろん哲学にとっては満足のいく事態ではないであろう。根拠づけの過程は無限には進行し得ないこと，わたしたちは最終的に，単に提示することができても証明することができない何かに突き当たらざるを得ないことは明白である。このことは外的世界の知識に妥当するのと同様に，自分自身の自我の知識にも妥当する。デカルトが何度も繰り返し強調したように，「我思う，ゆえに我あり」でさえ，何ら論理的推論でも論証形式（*argumentum in forma*）でもなく，むしろ純粋な直観的認識である。わたしたちは真

70

4 「始発点」としての表情の知覚から「終着点」としての事物の知覚へ

の根本問題の領域においては，反省だけに支配されてはならない。わたしたちはそれとは他の，いっそう根源的な種類の認識の源泉へと立ち戻らねばならない。その代わりにわたしたちが求めねばならないのは，次のことである。すなわち，わたしたちが諸々の現象を反省というまばゆい光のなかへ移すやいなや，それらはなんら内的矛盾を示さず，むしろ相互に調和しているということである。もしも「自然的」世界観が，理論はまったく根拠づけ不能か，無意味なものと呼ばざるを得ないというテーゼを否応なしにわたしたちに押し付けるのであれば，この〔相互に調和するという〕条件は満たされないであろう。

　認識にとって直接的に理解可能なものは特定の物理的なデータだけであるということは，しばしばほとんど自明でなんら詳細な論証を必要としない前提と見なされている。感覚的に与えられるもの，つまり色彩や音響，触感覚や温度感覚，嗅覚や味覚は唯一の直接的に経験可能なものである。それとは他のもの，とりわけ心的な存在は，確かにこうした一次的な所与から推察されるかもしれないが，まさにそれゆえに不確実であり続ける。ところが現象学的分析は決してこの前提を証明することはない。内容的な観察も発生的な観察も，表情知覚よりも感覚知覚を優先させる権利をわたしたちに与えはしない。純粋な発生的観点においては，系統発生論と同様に個体発生論も，つまり種の意識の発達と同様に個の意識の発達もわたしたちに次のことを示している。すなわち，多くの場合にあらゆる現実認識の出発点と見なされているデータでさえ，実際には比較的後からの所産（Produkt）であるということ，また，それらのデータを人間の経験の全体から抽出するためには骨の折れる面倒な抽象の過程が要求

71

第 2 論考　事物の知覚と表情の知覚

されるということを示している。それゆえ子供の最初の体験が表情体験であるということを，すべての偏見のない心理学的観察が物語っている[11]。「事物」の知覚と「事物の性質」は，もっと後から初めてそれら自身の権利を獲得する。ここで決定的な要因となるものは，とりわけ言語である。わたしたちが世界を単なる印象においてのみ経験するのではなく，むしろこの経験に言語的表現を与えるのに応じて，対象的に表象する力が増加する[12]。しかしながらその力は言語自身の領域では決して独占的にはなり得ないということが，あらゆる言語的表現が「隠喩的」表現であり，そうあり続けるという事実によって証明されている。言語の有機的組織（Organismus）では隠喩が或る不可欠な要素を成しており，隠喩がなければ言語はその生命を失い，硬直した月並みな記号体系になるであろう。ところが本来の理論的世界観，つまり哲学と科学の世界観もまた，宇宙を単なる「物理的な」事物の総体と見なすことから始まるのでは決してない。物体の体系として宇宙を解釈すること，また，事象を純粋に物理的な諸力の作用として解釈することは，後になって初めて登場してくるのであって，わたしたちはそれを 17 世紀よりも前に遡って追究することはほとんどできない。プラトンは魂が不滅であることに対して与えた証明の一つを，「あらゆる運動の始原」が魂であること，そしてもしも魂が抹殺されるとしたら，宇宙は停止せざるを得ないという考察から出発した。こうした考え方はアリストテレスの許では宇宙論の礎となる。もしも天体が永遠な運動で保たれているとすれば，それはこの運動が由来する精神的な原理が存在するということにのみ，その根拠をもち得るであろう。新たなコペルニクス的世界像の伝令にして布告者であるジョルダーノ・ブルーノ

72

4 「始発点」としての表情の知覚から「終着点」としての事物の知覚へ

でさえ，天体が魂を与えられているという学説を，すべての哲学が同意する確信であると説明している。わたしたちはデカルトの許で初めて厳密な数学的および力学的宇宙という思想に遭遇し，それ以降その思想は留まることなくさらにその手を広げた。しかしながらこの思想は最終的なものであって，最初のものではないことは明らかである。それは抽象の産物であり，科学は自然現象を算定し，支配しようとする努力のなかでそれを強要されるのである。デカルトが説明しているように，人間はそれを通して「自然の支配者にして所有者」（*maistres et possesseurs de la Nature*）になるべく試みる[13]。事物の物理的「本性」とは，現象において常に同じ仕方で反復されるもの，そしてこの反復において厳密で強固な法則へともたらされるものである。それはわたしたちが恒常不変的なものとして，わたしたちに与えられる現象の総体から抽出可能なものである。しかしながらこのような仕方で引き離されたり分離されたりするものは，理論的反省の所産になり得るだけである。それは「終着点」（*terminus ad quem*）であって「始発点」（*terminus a quo*）ではなく，終わりであって始まりではない。当然のことながら自然科学そのものはこの道を終わりまで決然と辿っていくべきであるし，そうしなければならない。それはすべての「人格的なもの」を次第に抑圧しようとするだけでなく，それを原則的に締め出す世界像へと向かうのである[14]。それはまずもって我と汝の世界から目を転じることによってその真の目的を達成する。天文学的宇宙は，この考察方法がそのなかで最高の成果と最終的な勝利を得た最初のものであった。ケプラーの許で「惑星の魂」という考え方は，初めのうちは彼にとってそれがまったく支配的であったものの，彼が惑星の運動に関する真の数

73

第 2 論考　事物の知覚と表情の知覚

学的理論へと突き進むにつれて，ますます後方に退くように
なる。ガリレオの許ではすでにこうした考え方は純粋な虚構
であると言明された。新しい時代の哲学は，この道をさらに
先まで進んだ。それは単に天文学と物理学に対してだけでな
く，あらゆる自然現象に対しても「超自然的な」心的性質の
排除を要求した。生物学もまたここで遅れをとるわけにはい
かず，それにとってもまた，「生気論」の支配的な力が終焉
を迎えるように思われた。いまや生命は，無機的自然からだ
けでなく，有機的自然からも締め出されることになる。有機
物もまた機械論の法則に，つまり圧迫と衝突の法則のもとに
立っており，そしてその法則のなかへ完全に解消されている
のである。

5　「我」と「汝」の世界の構築：
「機能」としての自己意識

　こうした自然からの根本的な「魂の排斥」に，形而上学的
な議論をもって反論しようとするあらゆる試みが失敗に終
わっただけでなく，それが奉仕すべく望んだ事柄をも損なう
こととなった。19 世紀においてもなお，グスタフ・テオドー
ル・フェヒナーはあえてそのような試みをした。フェヒナー
自身は物理学者であったが，彼は精神物理学という魂の学説
の領域で道を切り拓こうとした。しかしながら彼の哲学的奮
闘は，まずもって機械論的世界観をその根源から論駁するこ
とに向かっていた。彼は自然科学の「夜の見方」に，「昼の
見方」を対峙させようとしたのであった。ここでフェヒナー
が用いた手法を辿ることはわたしたちの問題にとって極めて
教訓的である。その手法の本質は，彼が表情知覚から出発

74

5 「我」と「汝」の世界の構築

し，そしてこれに再び完全な権利を取り戻そうとしたことに他ならない。フェヒナーによると，知覚のこのようなあり方は欺き得るというだけでなく，それは根本的にはそれによってわたしたちが抽象的な思考の勢力圏から解放され，現実に接近することができる唯一の手段でもある。フェヒナーは彼の著作『ナンナ（Nanna），つまりは植物の心魂的生命について』のなかで，こうした方向へのもっとも大胆で注目すべき前進を企てた。そこでは植物界のあらゆる現象が表情現象として理解され，そしてこの意味で解釈されている。フェヒナーにとって植物は「心魂」であり，「静かに花開き，芳香を放つ心魂は，露をすることでその渇きを，発芽によってその欲求を，光に向かうことでさらに崇高な憧憬を充足させる」[15]。しかしながら機械論的な理論は，フェヒナーがそこから植物の心魂的生命の証明を見出そうと試みたあらゆる現象を難なく「屈性」に起因するものと見なし，それは既知の物理的および化学的な諸力によって説明された。それによると，植物的生命の諸事象に説明を与えるためには，向日性，重力屈性，光屈性だけでまったく十分である。現代の屈性理論の創始者は，ためらわずにその理論を動物的生命にまで拡大し，動物の自動性（Automatismus）というデカルトの理論に対する厳密な経験的証明を発見したと信じていた[16]。そして最終的には，意識の現象に関する理論である心理学でさえ，発達していく客観化と機械化のこうした傾向を阻むことはできなかった。デカルトの「コギト」でさえ，もはや安全で超えられない壁を作ることはできない。コギトとは「純粋な思惟」の表現であったがゆえに，デカルト自身にとってそれは「自然」と「精神」の間での明確な境界線を意味していた。しかしながら，そうした純粋な思惟というものは存在す

75

第2論考　事物の知覚と表情の知覚

るであろうか。あるいは人がそれに割り当てたものは，ことによると単なる合理主義的な構築物に過ぎないのではなかろうか。経験主義の命題（テーゼ）が徹底した明晰さをもって遂行しようとする試みは，必然的にこの問いへ導かれた。現代の心理学におけるもっとも明晰な分析者の一人が明確にこの立場を採用した。ウィリアム・ジェームズは彼の『根本的経験論』のなかで，わたしたちが一般的に「意識」という名称で指し示しているものにとって，何らかの経験的証明が存在するのか否かという問いを投げかけた。彼によると心理学は，それが魂の実体という概念を放棄することができたように，意識という概念も放棄しなければならない。なぜなら実際にここで問題とされていることは，同一の事柄に対する二つの異なる名称に過ぎないからである。ジェームズによると「純粋な思惟」，「純粋な自己意識」，「統覚の超越論的統一」が存在するなどという主張は空虚である。それに対しては何ら証明可能な心理学的データは示され得ない。それは単なる反響音であり，形而上学的な魂の実体が姿を消す際に後に残していった薄弱な余韻にすぎない。なぜなら具体的な身体的感情をもたない自我の意識や自我の感情などというものは存在しないからである。ジェームズは次のように説く。「わたしは他のいかなる確実なことにも劣らず，次のことに確信をもっている。すなわち，わたしの内なる思考の流れ（わたしはそれを現象としては最大限に認める）とは，よく吟味してみれば，主にわたしの呼吸の流れから成ることが判明するものに対してつけられた，不注意な名前なのである。カントは，わたしのすべての対象には〈わたしは思考する〉が伴い得るのでなければならない，といったが，この〈わたしは思考する〉とは，まさしくすべての対象に実際に伴っている〈わたしは呼

5 「我」と「汝」の世界の構築

吸する〉のことである」[17]。

それゆえもっぱら意識の事実を確証することに関わる厳密な経験主義の立場からすると，人がそれを古典的観念論の伝統の意味で理解するならば，自己意識という概念でさえ結局は疑わしくなるように思われるであろう。もちろんジェームズ自身はただちにこの疑わしさは現象そのものに関与しているのではなく，むしろそれへの或る特定の解釈に付着しているに過ぎないことを付け加えている。彼が「純粋な自己意識」の事実を否定するとしても，それはこの名称によってそれ自体として存在するものが示される限りに過ぎない。彼が否認するものは自我の実体的な本性だけであって，それの純粋に機能的な意味なのではない。彼は明確に次のように述べている。「それゆえわたしは急いで付け加えるが，わたしが反対しているのはただ，〈意識〉というこの言葉が何らかの存在者を表しているということのみであり，わたしは逆に，この言葉がある機能を表しているということを強調したいのである」と[18]。人がこの問題設定に忠実であるならば，我と汝の関係についての問題もまた，ただちに新たな光明のなかへと移動する。両者はもはや独立した事物や本質として，つまりそれ自身で実在する対象としては叙述され得ないのであって，それらはいわば空間的な裂け目によって引き離されてはいるが，それにもかかわらず両者の間には，この隔たりを否定しないが，一種の遠隔作用（*actio in distans*）が生じる。それどころか，我が汝と同じように存在するのは，両者が「お互いに対して」ある限りにおいてであって，それらが相互規定という機能的な関係にある限りにおいてである。そして文化という事実が，この相互規定のまさにもっとも明瞭な表現であり，もっとも反論の余地のない証拠である。確か

第 2 論考　事物の知覚と表情の知覚

に文化は諸々の事物や事物間の関係に関わらねばならない自
然科学的な考察方法の領域から外れはしない。文化そのもの
や文化についての学は「国家のなかの国家」を作り出さな
い。文化の価値とは物理的 - 物質的な性格のものであって，
これらの業績を生み出す個人は，彼らの心的な実在や独自な
生活をもっている。これらのすべては，物理学的，心理学
的，社会学的カテゴリーの許で探求され，研究され得るし，
されねばならない。ところがわたしたちが個々の業績や個々
の人々から形式へと目を転じるならば，わたしたちは或る新
たな問題の戸口に立つことになる。厳密な自然主義はこの問
題を否定するのではなく，むしろ，それが言語，芸術，宗
教，国家を個々の作用の単なる総体として説明しようとする
ことによって，それを克服することができると信じている。
言語は或る協定から，つまり個々の人間が結ぶ「取り決め」
から説明される。そして国家的および社会的生活は「社会契
約」に還元される。当然のことながら，そのような議論の輪
を見出すことは容易である。なぜなら契約が法律と国家とい
う媒介においてのみ意義と妥当性を有するのと同様に，取り
決めは言語と発話の媒介においてのみ可能だからである。そ
のため解決されるべき最初の問いは，この媒介はどこで成立
するのか，そしてその条件はいかなるものか，である。言
語，宗教，社会の起源に関する形而上学的な諸理論は，それ
を超人格的な力や「民族精神」あるいは「文化の魂」の作用
へと差し戻すことによってこの問いに答えている。しかしな
がらこれは，科学的な説明の放棄や神話への逆行に他ならな
い。ここでの文化の世界はある種の超越的世界として説明さ
れており，それは物理的世界および人間の実在へと影響を及
ぼしている。批判的な文化哲学はどちらの説明方法にも身を

78

5 「我」と「汝」の世界の構築

委ねることができない。それは自然主義のスキュラと形而上学のカリュブディス〔という困難な状況〕を同時に回避しなければならない。そしてそのための道が文化哲学に拓かれるのは、「我」と「汝」は既成の所与ではないということが明らかになるときであり、その所与は相互に及ぼし合う作用を通してこうした文化の形式を生み出す。むしろ明らかになるのは、これらの形式のなかで、そしてこれらの形式によって両者の領域、つまり「我」の世界と「汝」の世界がはじめて構成されるということである。固定されていて排他的な自我などというものは存在しないのであって、そのような自我はまさに固定されていて排他的な汝と自分自身を結び付け、いわば外側から他者の領域へ入り込もうとするであろう。人がそのような考えから出発するならば、結局はそのなかで立てられる要求は実現不可能であることが何度も繰り返し明らかになろう。物質の世界においてと同様に、精神の世界においてもそれぞれの存在はいわばその場所にくぎ付けにされていて、他のものは入り込むことができない。しかしながらわたしたちが、我と汝を二つの実体的に区別された存在として出発するのではなく、むしろその代わりに、言語やその他の文化形式において生じる我と汝の相互交流の中心点へ移るやいなや、この疑いは解消する。初めにあるのは行為である。つまり言語の使用において、芸術的造形において、思考や探求の過程において、或る固有な活動性が現れ、そして我と汝はそのなかではじめてお互いを見つけだし、同時にお互いから区別される。我と汝は語ること、思考すること、そしてすべての種類の芸術的表現を通してこのように統一性を保つことによって、それらは相互に入り混り、かつ、一緒に（in- und miteinander）在るのである。

第 2 論考　事物の知覚と表情の知覚

6　人間における表現形式の能動性：
「共通世界」の構築

　ここから理解が可能になり，それどころかほとんど必然的
でもあるように思われることは，厳密な「行動主義」の心理
学が「汝」の実在に対する，つまり「他者の心」の実在に対
する疑いを最終的には我の実在にも，つまりその本来的な意
味での「コギト」の実在に対しても向けざるを得ないという
ことである。なぜなら一方の契機が崩れるならば，それとと
もに他方の契機も崩れざるを得ないからである。「意識は実
在するのか」というジェームズの問いがどれほど逆説的に聞
こえようとも，それはその根本においては首尾一貫してい
る。しかしながらまさにこの一貫性こそが，「根本的経験論」
や心理学主義がいかなる袋小路へと迷い込んだのかを明らか
にすることによって，そのジレンマから抜け出す道をわたし
たちに示すことができる。もっとも，表情知覚の説得的な力
を引き合いに出すことは，それだけでこの疑いを晴らすのに
十分ではない。むしろわたしたちは，それとは他の議論を受
け入れなければならず，わたしたちが表情と呼ぶものに関し
ては，二つの異なる契機を区別しなければならない。動物の
世界にも「感動の表現」が存在する。チャールズ・ダーウィ
ンは彼の著作のなかでそのことを詳細に研究し，叙述した。
ところがわたしたちがここで確認することができるもののす
べては，受動的な表現であり，そうであり続ける。ところが
わたしたちは人間の実在および人間文化の領域で突如として
新しいものに遭遇する。なぜならすべての文化形式がどれほ
ど相互に異なるものであるとしても，それらはすべて能動的

6 人間における表現形式の能動性

な表現の形式だからである。それらは恥じらいの紅潮や額の小じわ、こぶしの指球のような、単に無意識的な反応ではなく、むしろ活動である。それらはわたしたちのなかで、あるいはわたしたちのもとで生じる単なる出来事ではなく、むしろそれらはいわば特殊なエネルギーであり、このエネルギーの投入によってわたしたちに文化の世界が、つまり言語、芸術、宗教の世界が構築されるのである。

　当然のことながら行動主義はこの異論に対する備えができているものと信じている。それは所与という確かな地盤のうえに立っており、この所与は決して感覚的な性質、色彩の多様性や音響の連続性というある種の結びつき以外のなにものもわたしたちに示すことはないと説明している。もしもわたしたちがこれらすべての内容がただ「在る」というだけでなく、そのなかに他の何ものかが「現れている」と、つまりそれらの純粋な物理的実在の外側でそれらに或る「シンボル的価値」が適用されると主張するのであれば、経験のみがわたしたちに教えるものを上回っていることになる。そのためわたしたちが「言語」と呼ぶ音声の複合体は、わたしたちが通常は「思考」という表現で言い表しているものがその背後にあることへの証明にはなり得ない。ラッセルは次のように言う。「行動主義者たちは、彼らが聴かねばならない話は、人々が思考していると仮定しなくても説明できる、と言うのである。君が〈思考過程〉についての章を期待するかもしれない場所に、それに代わって君が出会うものは、〈言語習慣〉についての章である。この仮説がいかにおぞましくも適切であるかが分かるのは、自尊心を傷つけることではある」[19]と。日々の生活で語られるものの大部分が、このようなひどく破壊的な批判を受けるということはほとんど否定で

81

第 2 論考　事物の知覚と表情の知覚

きない。しかしながらわたしたちは，こうした判断をすべて
の人間の言葉に適用する権利をもっているであろうか。それ
は単に模倣の法則に従っただけの，空虚な「オウム返し」に
過ぎないのか。オウムの言葉と人間の言語の間には何ら相違
はないのか。ラッセル自身は行動主義的なテーゼの支柱に対
して明確な事例を挙げている。教師が試験において生徒たち
に特定の計算問題を，たとえば九九の表から或る問いを出題
すると仮定してみる。その教師は或る生徒からは正しい答え
を，そして他の生徒からは誤った答えを受け取るであろう。
しかしながらこの「正しい」答えというのは，その生徒の記
憶に単なる決まり文句が刻み込まれていて，彼がそれを呼び
起こすことができるということ以外のなにを証明するだろう
か。いかなる教師も，いかなる実際の教育者も，ただ結果だ
けを問うという仕方では試験を行わないことは疑いもなく正
当である。教師は生徒の自発性を働かせる方法を見つけよう
とするであろう。彼はことによると生徒がこれまでに一度も
見たことのない問題を出し，その回答の仕方から受験者がど
れだけ知識を暗記しているかだけでなく，いかにこの知識の
用い方を理解しているかも見分けようとするであろう。そし
てここでは，もっとも多様で純粋に受動的な表情でさえ，原
則的には克服することのできなかった疑いが消え去る。受動
的な表情というものがあるように，確かに受動的な発話とい
うものもある。それは単なる言語習慣の領域を超え出ること
はない。しかしながら真正な発話，つまり意味をもった「ロ
ゴス」はそれとは異なる種類のものである。それは決して単
に模倣的なのではなく，むしろ生産的である。そしてそれは
この機能において初めて，つまりそれに内在するエネルギー
において，わたしたちが「思考」という名称で言い表してい

82

6 人間における表現形式の能動性

る，他のエネルギーを実証し，証明するのである。

「我」と「汝」の間での真正な関係は共通した言語世界への参与によって成立し，両者の関係が生み出されるのはそのなかで絶えず作用している関与においてである。もちろんこのような事態は積極的な意味においてと同様に，消極的な意味においても理解され，評価され得る。言語はわたしたちを結びつけるだけでなく，切り離しもするという嘆きは昔からのものである。哲学，神秘主義，そして詩はこの嘆きを繰り返してきた。

　　どうして生きた精神が精神に姿を見せることができない
　　のか
　　魂が語るとき，そうか，ああ，すでに魂は語っていない
　　とでもいうのか[20]

それにもかかわらず，あらゆるシンボル作用なしに，つまり言葉や形象による媒介作用なしに直接的に思考や感情を伝達したいという憧憬は自己欺瞞にもとづいている。もしもそれが正しいとしたら，「我」の世界が所与の既成な実在であり，また言葉と形象がこれらの所与を他の主観に伝達することの他にはいかなる使命ももたないときだけであろう。しかしながらまさにこのような解釈こそ，発語や像形成の過程における真の意義と深みを正当に評価していない。もしもこれらの過程が，つまり言語と芸術の過程が異なる主観の内的世界の間を橋渡しするだけの機能しかもたないとすれば，そのような架橋はユートピア的であるという批判は正当であろう。それぞれの世界が結局のところ自分自身だけに属していて，自分自身だけを知り得るのであれば，〔異なる主観間で

第2論考　事物の知覚と表情の知覚

の〕深淵は満たされないであろう。だが，真実の関係はそれ
と異なる。個々の主観は発語と像形成において，彼らがすで
に所有しているものを単に分け与えるというだけでなく，む
しろそれによって初めてそれを所有するようになるのであ
る。すべての生き生きとして，有意義な対話のなかでこの特
徴は明瞭になる。ここで問題とされるのは，決して単なる伝
達ではなく，むしろ語りかけとそれへの応答である。そして
この二重の過程において初めて思考そのものが構築される。
「質問と応答によってお互いに対話する」ことのほかには
「イデア」の世界へ通じる戸口はない，とプラトンは言った。
質問と応答ではお互いを理解するためだけでなく，自分自身
を理解するためにも「我」と「汝」が区別されねばならな
い。ここで両者は絶えずお互いに干渉し合っている。一人の
パートナーの思考は他者の思考によって点火され，そしてこ
の相互作用により，両者は自分たち自身のために言語の媒介
により意味という「共通世界」を構築する。このような媒介
をわたしたちが欠いているとしたら，わたしたち自身が所有
するものでさえ不安定で不確かになるであろう。すべての思
考は言語の試験に合格しなければならず，また感情の力と深
みは感情の表現で初めて証明され，実証される。わたしたち
は誰もが夢に特有な「形式化されない」思考でもって，しば
しば驚嘆すべき能力を発現できることを経験している。〔夢
のなかで〕わたしたちは軽々と困難な問題を解決する。とこ
ろがこの解決はすべて目が覚めた瞬間には消え失せ，その成
果を言葉で捉えることの必要性がそれの漠然さと空虚さを認
識させる。それゆえ言語は，決してわたしたち自身からの単
なる離反ではなく，むしろそれは芸術やその他の「シンボル
形式」と同じように，わたしたち自身に至る道である。言語

84

はそれによってわたしたちの自我の意識と自己の意識が初めて構成されるという意味で，生産的なのである。

7　シンボル形式における二重の機能：分離と再統合

　ここで常に要求されるのは，総合と分析，分離と再統合という二重の方向である。こうした「弁証法的な」関係は，本来の対話においてのみならず，すでに独白のうちにも示されている。なぜなら一人きりの思考ですら，プラトンが言うように「自分自身との魂の対話」[21] だからである。逆説的であるように思われるかもしれないが，独白においては仲たがいの機能が，対話においては再統合の機能が支配的だと言うことができる。なぜなら「自分自身との魂の対話」は，それに際して魂自身がいわば分裂することなしには不可能だからである。それは語る者と聞く者，問う者と答える者という役割を引き受けねばならない。その限りでは，魂は自己との対話においては単に個別的なもの，「個人」であることをやめている。それは——役者の仮面や配役を思い起こさせる，この語の語源学的な原義での——「人格」（Person）となる。カール・フォスラーは次のように言う。「個人という概念のなかにはこうした可能性一般は考慮されていない。なぜならそれは内的に不可分であり続けるということが，それの本質に属しているからである。もしも人間が完全に個人にすぎず，人格ではないとしたら，彼らがいかにしてやはり伝達であり，精神的な分離と統合である対話の使用に到達できたのかは理解できないであろう。物事を哲学的に考察すると，対話の真の担い手と創造者はしたがって結局のところ，ただ一つの人格であり，それは少なくとも二つに，そして最終的には無数

第 2 論考　事物の知覚と表情の知覚

の役割や基礎人格（Unter-Person）に分割される」[22]。

　こうしたすべてのシンボル的なものの二重の機能，つまり分離と再統合の機能は，芸術においていっそう明瞭に，そして説得的に現れる。「人生を逃避するもっとも確実な手段は芸術である。人生と結びあうもっとも確実な手段も芸術である」[23]。このゲーテの言葉はすべての偉大な芸術家たちの内部で作用している根本感情を表現している。芸術家は伝達へのもっとも強い意志と能力をもっている。彼は自分自身のうちで生きているすべてのものを，他のもののなかで目覚めさせる方法を見つけるまでは休むことも停まることもできない。それにもかかわらず芸術家は，まさにこの伝達という自分自身を刷新する流れのなかで結局は孤独を感じ，彼自身の自我の限界に投げ返されるのを感じる。なぜなら彼が創りだすいかなる個々の作品も，彼自身に含まれている展望の豊かさを留めておくことはできないからである。ここでは常に痛ましく感じられる対立が続いており，「内」と「外」は決して完全には一致しない。しかしながらこの限界は，芸術家が認めねばならないものであって，彼自身にとっての制限となることはない。芸術家は彼の創作においてのみ自分自身が発見され，所有され得ることを知っているので，彼は創作し続ける。彼は自分がそれらに与える形象において初めて自分の世界と自分に固有な自我をもつのである。

　宗教的な感情もまた，これと同じ二重性を示している。その感情がいっそう深く，いっそう敬虔になればなるほどに，ますますそれは世界から遠ざかり，そしてますます人と人を，また人と社会的現実とを結びつけている鎖を取り去るように思われる。信心深いものは彼自身と神のみを知っており，その他のものを知りたいと願わない。「神と魂を知りた

86

7　シンボル形式における二重の機能

い。他に何があろうか。何もない。」[24]とアウグスティヌスは言う。そして他のすべての宗教的な資質と同様に，やはりアウグスティヌスでも信仰の力は信仰の告白によって初めて確証される。彼は自分の信仰を他者に伝達しなければならず，この信仰を真に確実なものとするために他者を自分の宗教的な情熱と高揚で満たさねばならない。この告白は宗教的な形象においてのみ——シンボルとして始まり，教義として結実する形象においてのみ——可能である。したがってここでもまた，すべての最初の〔外化する〕表明（Äußerung）がすでに疎外（Entäußerung）の始まりである。すべての精神的形式がこの内的緊張を克服できないことは宿命であり，そして或る意味でそれらのすべてに内在する悲劇である。この緊張の解消とともに精神的なものの生命もまた失われるであろう。なぜなら精神的なものの生命は，まさに統一されているものを分離することに，また，分離されているものを今度はいっそう確実に統合できることにその本質があるからである。

第 3 論考
自然の概念と文化の概念

I

1　文化概念の論理的特性における 3 つの様相

　わたしたちは単なる論理学や科学哲学の領域を踏み越える決心をしない限り，「自然科学」と「人文学」の間にある特殊な相違を明確にしようとするすべての試みが満足のいくものではなく，不十分であり続けるという前提から出発した。わたしたちはこの区別を明確にするために，概念の構造から知覚の構造へと立ち戻らねばならなかった。わたしたちが示そうと試みたように，すでに知覚は次のような対立の萌芽を，すなわち自然科学と人文学が用いる対照的な方法論のなかではっきりとした形で現れてくる対立の萌芽を含んでいる。すべての概念は，それらが何らかの現実認識をわたしたちに与えると主張するのであれば，結局は直観のなかで「実現」されるに違いないということに，もはや今日ではいかなる認識論の方向からも異論は唱えられない。ところがこの命題はすべての個々の概念に妥当するというだけでなく，それはわたしたちが科学の構造において出会うさまざまな概念の

88

1　文化概念の論理的特性における 3 つの様相

類型にも妥当する。もしもこれらの類型が単なる虚構ではないならば，つまりそれらが，分類化のために創りだされた恣意的な名称以上の何かを意味しているのだとすれば，それらは「現実のものに基礎」(*fundamentum in re*) をもたねばならないであろう。これらの類型は，その究極的な認識の源泉にまで遡って追求することが可能でなければならず，それらの相違は，直観と知覚という根源的な二重の方向性にもとづいていることが示されるに違いない。いまやわたしたちは，これらの領域のなかに確固たる支点と拠点を得たのであるから，問いを刷新しなければならない。わたしたちは論理学へと立ち返り，そして文化の概念の論理的特性を問わねばならないのである。それらがどれほど多様で，また，どれほど異なった対象に関わるとしても，それらのすべては何らかの「精神的な紐帯」によって結び付けられているということを，どんなに皮相的な考察でも教えている。しかしながらこの紐帯はいかなる種類のものであるのか――この概念はどの種族に属しているのか，そしてそれらの概念と他の概念類との間にはいかなる親類関係があろうか。

　この問いにはこれまで三つの原理的に異なる回答が与えられてきた。それらの回答のなかには現代の科学的理論でもなお支配権を争っている，種々の傾向間での闘争と対立が映し出されている。ここでは自然科学，歴史学，そして心理学がその〔支配的な〕地位を競っている。そしてそのそれぞれは，何度も繰り返し傾聴を要求するようなまったく理にかなった主張を伴って現れる。まさにここから単なる独断的な鶴のひと声によっては解くことのできない問題が生じてくる。三つの方向のそれぞれは，次のような立場へ，すなわちそのなかでは安心して自分自身の地位を保つことができ，そ

第3論考　自然の概念と文化の概念

していかなる敵対者からの議論によってもそこから追い出されることのない立場へと引きこもることができる。なぜなら実際に物理学的なもの，心理学的なもの，そして歴史学的なものは，必然的に文化的対象の概念の一部をなしているからである。それらは文化的対象を構築する三つの要素である。一つの文化的対象が，常に一つの物理的‐物質的な基盤を必要とする。絵画はカンバスに，彫像は大理石に，歴史的文書はわたしたちが羊皮紙や紙に書かれているのを見る文字に付着している。こうした種類の記録や記念碑においてのみ，過ぎ去った文化がわたしたちに現れる。しかしそれと同時に，これらのすべてが正しく理解され，読み取られるためには，二重の解釈を要求する。それは時間的な立場で歴史的に規定されなければならない。つまりそれは年代と素性が問われねばならないし，また，それは何らかの仕方でわたしたちが共感できる特定の基本的な心的態度の表現として理解されなければならない。それゆえ物理的，歴史的，そして心理的概念は，常に文化的対象の記述のなかに入り込んでいく。ところがこの記述に際して生じてくる問題は，この概念そのものの内容においてではなく，むしろわたしたちがそれにもとづいてそれらの概念をまとめ上げ，そして或る新たな全体へ，つまりそれ独自の（*sui generis*）全体へと統一する綜合である。この綜合を満足に説明していないすべての考察方法は不十分であり続ける。なぜなら特定の概念の段階への進歩に際して問題となるのは，その概念がいかなる構成要素を内に含んでいるのかではなく，むしろそのなかで概念が同じものを統一し，つなぎ合わせる独特な性格だからである。それゆえすべての文化的対象に物理的，心理的，そして歴史的側面が明示されるということに疑いの余地はないが，この対象の特殊な

90

意味はわたしたちがそれらの相関関係において，つまりそれらの相互「浸透」において把握するのではなく，これらの要素をお互いから孤立させる限りは依然としてわたしたちにとっては閉ざされたままであろう。物理的，心理的，歴史的様相は，＊そのものとしては不可欠ではあるものの，それらのいずれもわたしたちが人文学において追い求めるべき全体像を与えてはくれないのである。

2　文化の論理：
言語と芸術における構造・形式の問題

　もちろん，わたしたちはここで現在の論理学の立場と，その歴史的発展に関する困難に遭遇する。わたしたちはプラトン以来，数学の論理をもっており，アリストテレス以来，生物学の論理をもっている。ここでは数学的な関係概念，生物学的な種 - 類概念はその確かな地位を獲得した。デカルトによって，ライプニッツとカントによって，数学的自然科学の論理が構築され，そして最終的に 19 世紀には「歴史の論理」への最初の試みが現れた。それに対してわたしたちが言語学，芸術学，宗教学の根本概念に目を向けると，驚いたことにそれらがいわば故郷を喪失したままでいることに気づかされる。つまりそれらは論理学の体系のなかで自分たちの「自然な場所」をまだ見つけていないのである。

　このことを抽象的な議論を通して証明するよりも，人文学の直接的な仕事から取り出される具体的な個別的事例に即してその実情を説明したい。〔この領域での〕研究そのものは，つねに独自の路線を歩んできた。それは論理学や認識論がしばしば押し付けようと試みた，特定の概念的区分というプロ

第3論考　自然の概念と文化の概念

クルステスの寝台〔つまり勝手な基準〕には従わなかった。わたしたちはここで他のどの場所においてよりも，その問題に固有な性質をいっそう見てとることができる。それぞれの特殊な人文学は特定の形式概念と様式概念を発達させ，それらを体系的な概観に，つまりそれらが取り扱う現象の分類と区別に利用した。この形式の諸概念は〔ヴィンデルバントが言うように〕「法則定立的」でも，純粋に「個性記述的」でもない。それらが法則定立的ではないのは，それらの概念において問題とされていることが一般的な法則──そのなかから特殊な現象が演繹的に導出され得る──を確立することではないからである。ところがそれらはまた，歴史的な考察にも還元され得ない。このことをまずもって言語学の構造において明らかにしよう。わたしたちがおよそ可能な限り言語をその発展のなかで研究しなければならないということ，また，その研究が言語に関するもっとも豊で実り多い成果をわたしたちにもたらすということは確かである。しかしながらわたしたちが研究し，説明すべきものの内実を，つまり言語現象の全体を概観するためには，それとは他の道を進まねばならない。わたしたちはヴィルヘルム・フォン・フンボルトが「内的言語形式」と呼んだものから出発しなければならず，この内的言語形式の構成を洞察するように試みなければならない。ここで問題とされるのは純粋に言語の構造的な問題であり，それは歴史的な問題から明瞭に区別され，その問題とは無関係に扱われ得るし，扱われなければならない。言語が構造にもとづいているということ──これはたとえわたしたちがその言語の歴史的な発展に関して少しだけしか，あるいは全く何も知らなかったとしてもわたしたちはそれを規定することができる。そのためたとえばフンボルトは最初に

2 文化の論理

「複合語」（polysynthetische Sprache）という概念を打ち立て，彼はその叙述をもって言語と形式の分析にみごとな実例を挙げた。その際にこれらの言語の発生や発達に関して彼が自由に用いることができる資料は何もなかった。わたしたちが文字をもたない民族の言語を扱うときには，いたるところでこれと似た事態が繰り返される。カール・マインホフは彼の『バントゥー語群の比較文法』のなかで，いわゆる「自然な性」——男性，女性，中性——にしたがって名詞の区別を行うのではなく，むしろそれとはまったく異なる区分の原理を適用する言語の特徴を探求した[1]。この分析においてもまた，歴史的な視点はなんら役には立たず，それの欠如は言語構造に関するわたしたちの知識の確実性を損なうことはなかったのである。

　言語学から人文学における他の大きな領域，芸術学へと目を転じるとしよう。言語学と芸術学の間に橋をかけようとすることは，一見すると非常に大胆なように思われるであろう。なぜならそれらが取り扱う対象とそれらが用いる手法はお互いから大きく隔たっているように思われるからである。それにもかかわらず言語学と芸術学は，それらの一般的な形式によればお互いに親戚関係にあり，いわば同一の論理上の「家族」に属する諸々の概念を用いて研究をしている。芸術史もまた，それがもっぱら歴史的な考察方法に，つまり存在したもの（Gewesen）や発生したこと（Geworden）の叙述に甘んじるのであれば，決して歩みを進めることはできないであろう。それにとってもまた，単なる生成としての生成からはいかなる学的認識も与えられないというプラトンの命題が妥当する。それが生成を理解するためには，つまり生成を見通し，支配することができるためには，「存在」のな

第3論考　自然の概念と文化の概念

かにあらかじめ規定された支点と拠点を確保しておかなければならない。すべての歴史的認識は特定の「形式」と「本質」の認識に結びつき，それにもとづいている。芸術学の探究が自分自身の方法論を顧みるように迫られていることを目の当たりにするやいなや，両要素のこうした相互関係や密接な関わりが何度もくりかえし明瞭に示される。それはハインリヒ・ヴェルフリンの『美術史の基礎概念』のような業績のうちに格別な明瞭さをもって現れている。ヴェルフリンは慎重にあらゆる思弁的なものを遠ざけようとしており，彼は純粋な経験主義者として判断して語る。しかしながら彼が力点をおいて強調することは，人があらかじめ確実な概念的視点——それにしたがって事実が秩序付けられ，解釈され得る——を手に入れていないとしたら，事実そのものは無言のままに留まったに違いないということである。ヴェルフリンはここで彼の著作が埋めようとする間隙を看取する。彼はすでにその「はしがき」において，「概念的研究は事実研究と同一歩調ですすんでいない」[2)]，と説明している。本来であればヴェルフリンの著作は芸術の歴史を与えようとするものではなく，むしろそれは，いわば学として現れるであろう「あらゆる将来の芸術史のための序文」を意味している。「われわれはここで絵画的様式の歴史を述べるのではなく，普遍的概念を求める」[3)]，と彼は或る箇所で強調している。このことが見出され，確定されるのは，絵画の様式がするどく，そして明確に線の様式から区別され，それらのあらゆる外的形式において対置されるということによってである。ヴェルフリンによると「線的なもの」と「絵画的なもの」は，二つの異なった観る形式として対立している。それらは空間的関係の二つの解釈方法であり，それらはまったく異なる目標を目

94

2 文化の論理

指し，それに応じてまさに空間的なものの或る特殊な要素を捉える。線的なものは事物の恒常的な造形的形式を目指し，絵画的なものはその現れを目指す。「前者〔線的様式〕には恒常的な形があり，それは測定可能であり，限界づけられている。後者〔絵画的様式〕には運動があり，機能する形がある。前者にはそれぞれ独立した事物があり，後者には事物と事物の関係がある」[4]。ヴェルフリンが絶えず大量の歴史的教材を拠り所にできなかったとしたら，彼がこの「線的なもの」と「絵画的なもの」の対立を公式化できず，それを直観的な明瞭性に当てはめたであろうことは明らかである。しかしながら他方で彼が力点を置いて強調することは，彼の分析が明らかにしようとするのは特定の時間に条件付けられ，それに限定された一度限りの歴史的な出来事ではないということである。ヴェルフリンの基礎概念はフンボルトのそれと同じ程度に「個性記述的な」概念である。それは完全に一般的な事態を確認することから出発するが，それは自然科学の一般的な類概念や法則概念に反して，それとは異なる仕方で，異なる階層で普遍性を描き出す。特定の歴史的現象に関して——クラシック期とバロック期の言語形式間での対立に関して，16 世紀と 17 世紀の対立に関して，デューラーとレンブラントの対立に関して，或る根本的な形式の相違が認められなければならない。個々の現象はこの相違の範例的な注釈以上のものであろうとするわけではなく，そのようなものとして説明しようとすることも決してない。ヴェルフリンによれば「クラシック」と「バロック」は，近世の美術史においてのみならず，古代建築においても，またゴシックのようなまったく異質な土壌の上にもある[5]。ここで問題とされている区別は，わたしたちがそれを国民的な相違と個人的な相

第3論考　自然の概念と文化の概念

違に還元することによっても同様に理解され得ない。国民と
個人の相違は線的なものと絵画的なものの様式の発展におい
てその役割を果たすが，両者の本質的特徴がそれらから導出
されることはない。この特徴はむしろ，まったく異なる時代
において，まったく異なる民族の文化において，そしてまっ
たく異なる芸術家個人において明確な直観にもたらされる何
かである。或る様式から他の様式への発展に関する問いでさ
え，ヴェルフリンによればこれらの諸前提からは独立して立
てられるし，答えられる。様式の歴史は表現そのものに関わ
る概念によって特定の根源層に突き進むことができ，「西欧
的視覚の発展史が造られるのである。それに対して，個人的
特性や国民的特性の相違はもはや大きな意味をもたない」[6]。
「一方に，本質的に客体に照準を合わせ，事物をその確固た
る可触的関係にしたがって把握し，事物に語らせようとする
様式があると，その反対に，むしろ主体に照準を合わせ，幻
像（Bild）を表現の根底に据えた様式がある。その幻像のな
かで見えているものは実在的であるように映る」[7]。この両
様式に加わることができるのはもっとも異質な芸術家だけで
ある。ヴェルフリンは彼の叙述の或る箇所で次のように述べ
ている。「実例をあげようとすれば，当然ながら，われわれ
は個々の芸術作品を引き合いに出す以外に仕方がなかったの
であるが，とにかくラファエロとティッツィアーノについ
て，またレンブラントとベラスケスについて述べられたこと
はすべて，一般的な進路を示すだけでよいのであり，採り上
げた作品の特殊な価値を明らかにするはずはなかった」[8]と。
そのうえこの関連においてヴェルフリンは美術史の理念を
打ちたてるが，それは「人名なき美術史」[9]となるであろう。
それは問題の提起において個人的なものにではなく，むしろ

96

2 文化の論理

原理的なものに，そしてその限りでは「匿名」なものに向けられているのであるから，——すなわち，空間的な見方の変更に，そしてそれによって条件付けられた視覚的な形式および空間感覚の変化に向けられているのであるから——何ら人名を必要としないのである。

　ここで論理学者にとっては，いかにしてヴェルフリンがそれほどまでに鋭敏に芸術学の純粋に構造的な概念を浮き彫りにし，思いがけず「形態学」（Formwissenschaft）というまったく普遍的な問題に導かれたのかに注目することは，もっとも興味深く，また，価値がある。彼が芸術学の領域を超えて言語学を指し示す表現方法に手を伸ばしたことは単なる偶然ではない。フンボルトが何度も繰り返して強調したことは，個々の言語間での相違は単なる「音声と記号」の相違ではないということである。むしろ彼によると，それぞれの言語形式のなかには固有な「世界観」が，つまり，思考と表象の根本的な方向が表現されている。フンボルトの思想による直接的な支えや関わりは何もなかったが，それとまったく類似した思考がヴェルフリンの許で基礎をなしている。彼はフンボルトの原理を思考と表象の世界から，直観と視覚の世界へ転用したのである。それぞれの芸術家の様式は，彼が強調したように，何らかの外形的な契機だけに，つまり模様や輪郭などの性質だけにしたがって規定されるのではなく，むしろこれらすべての契機において特定の共通した方向が，いわば精神的な眼の焦点の合わせ方が表現されている。そのような相違は単なる趣味以上の問題であり，「それは制約しつつ制約されて，一民族の世界像全体の基底までを含んでいる」[10]。異なる言語がその文法と文構造でお互いに相違を示すのと同じように，芸術の言語もまた線的様式から絵画的様式への移

第 3 論考　自然の概念と文化の概念

行に際して変化する。直観にとって世界の内容は一定不変な
様式（Form）で結晶するのではない[11]。そしてこの直観様
式の変化を追求し，それを内的必然性によって理解可能にす
ることこそ，芸術学の主要な課題なのである。

3　様式概念と価値概念

　しかしながら，わたしたちはここで他の問題に導かれる。
わたしたちが主張してきたことは，人文学における形式と様
式の概念が，歴史学の概念と同様に自然科学の概念とも明ら
かに異なるということ，また，それは或る概念の類をそれ独
自に示しているということである。ところがそれらは，こと
によると或る他の類型に，すなわち価値概念の類型に還元さ
れはしないのか。リッケルトの歴史の論理において価値の
概念がどのような役割を担っているのかは良く知られてい
る。歴史学は個々の出来事を確認することだけに関わるので
はなく，むしろそれらの間でのつながりを引き出さなければ
ならないということ，そしてこの歴史的な総合は「普遍的な
もの」に関係することなしには不可能で実行され得ないこ
と，これらのことをリッケルトは改めて強調したのであっ
た。ところが彼にとっては歴史学と文化科学において，自然
科学的な存在概念に価値概念の体系が取って代わる。わたし
たちが特殊なものに超個人的な普遍的価値を適用することに
よってのみ膨大な歴史的な資料は分類され，歴史的認識が理解
可能となる。しかしながらこのテーゼもまた，人文学の具体
的な形成をいっそう正確に吟味すると，それに耐えることが
できない。様式概念と価値概念の間には根本的な相違があ
る。様式概念が示すものは当為ではなく純粋な「存在」──

98

3 様式概念と価値概念

たとえそれがこの意味では自然な事物ではなく、「形式」の持続に関わるものであるとしても——である。わたしが或る言語の「形式」について、あるいは特定の芸術形式について語るとき、この形式そのものは価値とは何ら関係がない。特定の価値判断がそうした形式の確立に関連づけられることはあるが、それでもそうした形式の解釈にとって、つまりそれの意味と意義にとっては本質的ではない。そのためたとえばフンボルトは人間の言語構造に関する研究において、個々の言語形式にある種の精神的な「序列」を認めることができると確信していた。彼は屈折語をこの序列の頂点と見ており、そして屈折法は根本において孤立語、膠着語、あるいは複合語によっては完全には到達され得ない「法則に適った形式」であることを証明しようとする。彼はこの「法則に適った形式」を示す言語と、何らかの関係でこの形式から引き剥がされる言語を区別する[12]。ところが彼が初めてこの言語の序列化を明示的に行うことができたのは、彼が特定の原理にしたがって言語の構造的相違を確認したことによってであり——そしてこの確認は何らかの価値の視点からはまったく独立して行われねばならなかった。わたしたちは、ここでもまたわたしたちが確実だと信じている美学的な規範にもとづいて、或る様式を他の様式よりも優先することができる。ところがわたしたちは個々の様式の「本質」、つまりそれの特殊性と固有性をそうした規範概念にしたがって理解するのではなく、むしろそれの規定は他の基準にもとづいている。ヴェルフリンが「クラシック」と「バロック」について語るさいには、彼にとって両者の概念は単に記述的な意味をもつだけであって、美学的な価値判断やあるいは規範化の意味ではない。典型的なもの、あるいは模範的なものといった副次的な

第3論考　自然の概念と文化の概念

意味は，それ以前の概念に決して結び付けられるべきではない。そしてまた同じように，芸術史がわたしたちに教えているような，通常は絵画的様式が線的様式の後に登場し，そこから発達してきたという事実は，わたしたちがこうした変形（Umbildung）においては或る「進歩」を，つまり成熟を取り扱っているのだという主張を内に含んでいるのではない。むしろヴェルフリンが両者の様式のなかに見ているものは，単に特定の問題に対する異なる解答だけであって，それらはそれぞれ美学的には同等の権利をもっているのである。わたしたちは両様式それぞれの内側で，完全なものと不完全なものを，僅かなものや凡庸なものを傑出したものと区別することができる。しかしながらそうした区別はただちに両方の様式に全体として拡がることはない。そのためヴェルフリンは次のように言う。「絵画的なあり方は〔線的なものの〕後にくるものであり，最初のものなしには決して考えられないが，さりとて絵画的なあり方が絶対に優れたものとも言えない。線的様式は絵画的様式がもはや所有せず，もはや所有することも欲しない価値を発展させていたのである。これらは二つの世界観であり，趣味の点でも世界に対する関心の点でも別様に方向づけられており，それぞれが可視的なものの完全な図像を，それなりに見せることができるのである——世界に対して別様に方向づけられた関心からは，いつでも異なる美が生じる」と[13]。

4　人文学と経験的心理学の方法論：
ヘルマン・パウル，カール・ビューラー

　これまでわたしたちは文化の概念には歴史の概念に対する

100

4 人文学と経験的心理学の方法論

のと同じように，価値の概念に対しても或る特殊な地位が割り当てられること，またそれらを論理的な構造において区別することが正当であり，必然であることの根拠を示そうと試みてきた。しかしながら，これまで解決が見出されることのなかった別な問いがなおも残されたままである。これと同一の形式および様式概念の自律性が心理学の問題設定に対しても存在するであろうか。文化の全体は――言語，芸術，宗教の発達は――精神的 - 心的過程において汲み尽くされはしないのか，また，これらすべての過程はそれだけで心理学の司法権に服していないのか。ここにはまだ何らかの相違があり――この点でそれが疑われたり，避けられたりすることができるであろうか。実際には，そのような判断をして，それに応じてわたしたちが最初に人文学にとっての「原理の学」など探求する必要はないという結論を引き出した卓抜な研究者は絶えず存在した。なぜならそれは心理学においてすでに完全な形で提出されているからである。言語学の領域において，この命題はヘルマン・パウルによって特有な明晰さと特に力を入れて弁護された。パウルはまずもって言語の歴史家であるため――彼が何らかの仕方で歴史的な考察方法の正当性を制限しようとしているという疑いをかけられることはない。しかし他方で彼が強調することは，原則的な問いを片付けることなしには，つまり歴史的な発生という一般的な前提を確定することなしには，総じて何も歴史に関する個別的な成果を得ることなどできないということである。他のすべての文化形式の歴史と同様に，つねに言語の歴史は「歴史的に発達する諸々の対象の一般的な生活条件を取り扱い，どれほど変化しても，常に変わることのない要因の特質と効果を研究する」科学によって支えられなければならない。これらの

101

第3論考　自然の概念と文化の概念

恒常的な要因は心理学においての他には見出され得ない。この場合にパウルは，心理学のことをシュタインタールやラーツァルス，そして後のヴントのように「民族心理学」としてではなく，個人心理学として考えている。それゆえ個人心理学に，言語理論の原則的な問いの解決へ導くという課題が割り当てられる。「個人間で行われる相互作用から言語発達を導き出すことをめぐって，すべてが展開する」[14]。

　ヘルマン・パウルが『言語史原理』の冒頭でこのようなテーゼを打ち立てたとき，哲学と一般的な科学理論における「超越論的」方法と「心理学的」方法の間での論争が，その鋭さの頂点に達した。一方で，権利問題（quid juris）と事実問題（quid facti）を区別することがすべての認識批判にとって最初の，もっとも重要な課題であると強調する新カント学派がいた。経験科学としての心理学は事実の問題に関わるのであって，それらは断じて純粋な妥当性の問題を決定するための基準としては役立ち得ない。長らく哲学の分類全体を規定していた「論理学主義」と「心理学主義」の間でのこの線引きは，今日ではある程度まで背景に退いている。両側面による長きに渡る論争の後に裁決が下され，それはもはやほとんど真剣に審議されることはない。極端な心理主義者たちは，論理学とは思考の形式と法則に関する学であると結論する。思考と認識の過程が心のなかでのみ起こるという限りでは，まさに論理学は心理学の一分野である[15]。フッサールは彼の『論理学研究』においてこの結論に横たわる誤謬を暴き出し，いわばその極秘の隠れ家まで追求した。彼が指摘したのは，「イデア的意味統一体」としての形式と心的な諸経験，つまり真と認めること，信念，判断という「作用」──それはこの意味統一体を指し示し，それを対象としてもつ──と

102

4 人文学と経験的心理学の方法論

の間での根本的で止揚不可能な相違であった[16]。それによっ
て論理学の形態論と純粋数学のそれを心理学的規定に解消し
てしまう危険は取り除かれた。人文学の領域では、たしかに
一見したところそのような境界線を引くことはいっそう困難
であるように思われる。というのも——次のように問われ得
るからである——総じて、言語、芸術、神話、宗教にとって
一定の「存続」というものがあるのか、あるいはわたしたち
がこのような仕方で示しているものはすべて、言語活動や芸
術的形態化あるいはその享受、そして神話的信仰や宗教的観
念という個々の行為に解消されはしないのか。こうした行為
の領域にまったく包含されてしまわない探求対象が、まだ他
に見出されるのか。ところがその問題の目下の状況を一瞥す
るならば、その対象が実際にあることが明らかになろう。こ
こでもまた、解明がますます進んでいった。この数十年の流
れにおいて、言語の心理学、芸術の心理学、宗教の心理学が
なんども繰り返し構想された。ところがそれらはもはや、言
語の理論、芸術の理論、宗教の理論を排除するとか、あるい
は不要なものにしようとする要求をともなって登場するので
はない。ここでもまた、ますますはっきりと純粋な「形態
論」の領域が浮かび上がってくるのだが、その形態論は経験
的心理学とは異なる概念をもって取り組み、そしてそれは
経験的心理学とは異なる方法論によって構築されねばならな
い。この点に関しては、とりわけカール・ビューラーの『言
語理論』が実例を与えている。ビューラーは心理学者として
言語の問題に接近し、一連の探求において決してこの視点を
見失うことがなかっただけに、なおさらそれは意義深い。と
ころがビューラーによると、言語の「本質」は純粋に歴史的
な探究においても、あるいは純粋に心理学的な探求において

103

第 3 論考　自然の概念と文化の概念

も完全には叙述し尽くすことができない。彼がすでにその著作のはしがきで強調していることは，彼は言語によって「汝とは何か」という問いを立てようとするのであって，「汝はどこからきたか」ではないということである。それは，何であるか（τί ἐστι）という古代哲学の問いである。ここでは「語義論」（Sematologie）が方法論的な観点においてそのまったき自律性を認められる。ビューラーが対象「言語」の観念性という命題を支持するのは，まさに心理学者として，そして心理学的分析にもとづいてである。彼は次のように説明する。「言語形成体はプラトン的にいえば観念的対象であり，記号論理学的にいえば数とか科学的思考の場合の形式化のより高い段階でとり扱われる対象のような，集合の集合である」[17]。同時にそのなかに「個性記述的な科学というものがそもそも存在するとして，そのグループのなかに言語学を完全に組みこもうとしても，満足すべき結果には至らず，再び修正せざるを得ない」こと，そしてその理由がある。ビューラーによると，人が言語研究を歴史的事実の研究に制限するか，またはそれを物理学あるいは心理学に「還元」しようとするとき，常にそれにとってのある種の故郷喪失が生じざるを得ないのである[18]。

　このような観点に立つならば，言語の哲学と言語の心理学の間でのすべての国境紛争が解消する——そして今日，わたしたちはことによるとすでにこの紛争を古臭く，時代遅れのものとして説明できる地点にいる。個々の課題は，はっきりと明確にお互いから一線を画してきた。一方で言語理論の構築は，絶えず言語史と言語心理学の成果を参照せずには不可能なことは明らかである。抽象や思弁といった虚空においてはそのような理論は構築され得ない。ところが言語心理学の

4 人文学と経験的心理学の方法論

ような，言語学の領域における経験的な探求が，言語の「形態論」が取り出す諸概念をつねに前提しなければならないということも同様に確実である。もしも諸々の探求が，子供の言語発達における言葉の分類がいかなる順序で生じるのか，あるいは子供は「一語の文」から「並列」文へ，そしてそこから「従属」文へはいかなる段階で移行するのかをめぐって行われるとすれば[19]，その際には文法や文構造といった形態論の特定の基本的カテゴリーの意味が前提されていることは明らかであろう。経験的な探求は，言語とは何「である」かについての綿密で概念的な反省がそれを支え，その問題設定において絶えず伴われていないとしたら，偽りの問題のなかで自分自身を見失い，解決不能なジレンマに巻き込まれることが何度も繰り返し明らかになる。わたしたちが言及したように，ヴェルフリンは彼の『美術史の基礎概念』において，芸術の歴史における概念の探求が事実の探求と足並みをそろえて進むことができないことを嘆いていた。わたしたちは今日においてもなお，言語心理学の領域ではそれと似た嘆きに遭遇する。これに対する証拠としては，ゲーザ・レーヴェースがちょうど「人間のコミュニケーション形式といわゆる動物言語」というタイトルで発表した重要な論文が挙げられる[20]。レーヴェースは，人が「動物言語」に関して行ったと信じていた無数の「観察」と，この領域で採用されたほとんどではないにしても多くの実験が，言語の特定の概念から出発したのではないので，──彼らがいったい何を探求し，何を問うていたのかを根本においては理解していなかったので，すでに疑わしく不毛であったという想定から出発した。この点に関して彼は，方法論の根本的な変化を要求している。「明確にしておかなければならないことは，いわゆる

第 3 論考　自然の概念と文化の概念

動物言語についての問いが，もっぱら動物心理学の事実だけ
にもとづいては解決され得ないということである。動物心理
学と発達心理学によって立てられる命題と理論を，先入観に
とらわれず批判的に考察するものはすべて，結局は次の確信
に至るに違いない。すなわち，それらとしてはもっとも矛盾
した解釈を許容する，さまざまな動物のコミュニケーション
形式が明示するものによって，また，〔その動物に〕確実に
教え込まれた行動が示すものによって投げかけられる問い
は，論理的な確実性を用いて答えることができないという確
信である。それゆえわたしたちは論理的に正当な出発点を見
つけるべく試みるのであり，そこから経験的事実が本性的で
有意義な説明を見つけることができる。この出発点は言語の
概念規定において見出され得る。——もしもわたしたちが労
をいとわずにいわゆる動物言語を言語哲学や言語心理学の立
場から捉えるならば，——わたしの考えでは唯一の正当な見
解であるが——動物言語に関する学説を放棄するというだけ
でなく，むしろ同時に，それの今日的な枠組みでの問題設定
の不合理性をそれの領域全体で見て取るであろう」[21]。レー
ヴェースが彼の解釈の拠りどころにしている議論は私見によ
ると非常に有意義ではあるが，ここでの関連で立ち入ること
はできない。わたしがここで彼の言葉を引き合いに出したの
は，言語構造に関する問題がいかに深く経験的な研究に影響
しているのか，また，どうして経験的な研究が論理的な反省
にその正当な地位を与えるまでは「学の確実な道」を見出す
ことができないのかを示すためであった。自然科学において
と同様に人文学においても，経験と理性の関係についてのカ
ントの言葉が妥当する。「理性が——じぶんの判断原理を手
に先に立って，みずからの問いに答えるように自然を強制し

106

なければならないのであって，じぶんの側が自然から，いわば歩み紐をつけられて，かろうじて歩まされるだけではならない——そうでなければ，あらかじめ企図された計画によらない偶然的な観察のさまざまが，一箇の必然的な法則において連関しあうことはないだろうからである。この法則こそ，理性が探しもとめ，必要とするものにほかならない」[22]。

5　それぞれの学における「特殊」と「普遍」

わたしたちはこのような仕方で人文学の形式概念と様式概念を，他の概念類と区別することによって初めて，個々の現象にこれらの概念を適用するにあたって決定的な意味をもつ問題に接近することができる。わたしたちが或る科学をその論理的構造にしたがって理解するのは，その科学がいかなる仕方で特殊を普遍に包摂するのかを明らかにしたときである。しかしながらわたしたちはこの問いへの回答に際して，一面的な形式主義に陥らないように注意しなければならない。なぜならそこには引き合いにだし，もちだすことのできる一般的な型は存在しないからである。あらゆる科学においてその課題は同じ仕方では，解決への道は大きな違いがある。まさにこの違いのなかに固有で特殊な認識の型がおのずから現れる。自然科学の「普遍概念」に歴史学の「個別概念」を対峙させることでは，明らかにその問いに対する十分な答えではない。なぜならそのような分離は，いわば概念の命脈を切断することになるからである。すべての概念はその論理的な機能にしたがって「多様性の統一」を，つまり個別的なものと普遍的なものの間のつながりであろうとする。もしもわたしたちがこれらの契機の一つを孤立させてしまうな

第 3 論考　自然の概念と文化の概念

らば，すべての概念がそのものとして遂行しようとする「総合」を阻害することになるだろう。「特殊は永遠に一般者に従属する。しかし，また一般者は永遠に特殊に依存しなければならない」[23]とゲーテは言う。ところがこうした普遍による特殊への「服従」の仕方，この連合（Zusammenschluss）の仕方はすべての科学において同一ではない。わたしたちが数学的概念の体系と，経験的な自然概念のそれを比較するとその仕方は異なっており，また，わたしたちが後者の概念を歴史の概念に対峙させるとそれは異なっている。これらの区別を確定するためには，つねに個々の綿密な分析が必要となる。その関係がもっとも単純に現れるのは，そこから個々の「事例」が演繹的に導出される，法則概念の形式のなかに普遍が現れるときである。このように，たとえばニュートンの引力の法則からケプラーによる惑星運動の規則，あるいは干潮と満潮の周期的な変化の規則が「生じてくる」。あらゆる経験的自然科学の概念は，それらのすべてがただちに，また，同じ仕方で実現可能なわけではないとしても，何らかの仕方でこの理想に到達しようと努力している。そこではつねに，最初は観察においてのみ姿を現す規定の経験的な並存関係を，思想的な加工によって或る他の関係へ，すなわち或るものが他のものによって条件付けられる存在の関係へと変形しようとする傾向がある。まさにこの「包摂」の形式がより適切に，また，より完全になればなるほど，ますます自然科学の記述的な概念は理論的な概念に結び付けられ，ますますこの理論的概念へと変形させられていく。これが成し遂げられると，そこにはもはや根本において経験的概念による個別的な規定はない。その際にわたしたちは純粋な数学的概念に見られるように，その規定から他のすべての規定が生じ，そ

108

5 それぞれの学における「特殊」と「普遍」

して特定の方法で導出され得る根本的な規定を入手する。ま
さにこのようにして，たとえば現代の理論物理学は特定の事
物のあらゆる個別的「属性」を，つまり物理学的あるいは化
学的定数で表されるすべての規定を共通の源泉へと還元する
ことに成功した。それはまずもって経験的な観察を通して個
別的に見出された元素の属性が「原子量」という量の，ある
一定量の関数であること，また，それらは法則的にその元素
の「原子番号」と関係していることを示している。したがっ
て特定の経験的に実在する物質，たとえば或る金属が「金」
という概念に包摂され得る場合に，そしてその場合にのみ，
その物質が当該の根本的な性質と，それによってその性質か
ら導出され得る他のすべての性質を現すのである。ここでは
何ら変動はあり得ない。なぜならわたしたちが金と呼ぶもの
は，厳密に量が定められた特定の重さ，特定の電気の伝導
性，特定の膨張率などをもつものだけだからである。ところ
がわたしたちは，もしも人文学の形式概念と様式概念によっ
て何らかの相似を期待するならば，ただちに失望させられる
であろう。それらは超克することのできない固有な非規定性
を伴っているように思われる。ここではまた，何らかの仕方
で特殊が普遍に組み入れられている。ところがそれは同じ仕
方で従属させられているのではない。わたしはまたこの状況
を個々の具体的な事例に即して説明することで納得するであ
ろう。ヤーコプ・ブルクハルトは彼の『ルネサンスの文化』
において，「ルネサンス的人間」の古典的描写を与えた。そ
れはわたしたちすべてに良く知られた特徴を含んでいる。ル
ネサンス的人間は「中世的人間」から明確に区別される，一
定の特徴的な個性をもっている。ルネサンス的人間は，彼の
官能的な愉悦，自然への志向，「現世」への執着，形式の世

109

第 3 論考　自然の概念と文化の概念

界への感受性，個人主義，異教信仰，無道徳主義によって特
徴づけられる。経験的な研究はこのようなブルクハルトの
「ルネサンス的人間」を発見しようと出発した——ところが
その研究は，そうした人間を見出すことはなかった。ブルク
ハルトがそれのイメージの構成要素と見なしたすべての特徴
を実際に一つにした個人など歴史上に一人もいない。『ルネ
サンスの世界観の研究』において，エルンスト・ヴァルザー
は次のように述べている。

　　わたしたちがクワトロチェント（1400 年代）の，つま
　りコルッチョ・サルターティ，ポッジョ・ブラッチョ
　リーニ，レオナルド・ブルーニ，ロレンツォ・ヴァッ
　ラ，ロレンツォ・マニーフィコ，あるいはルイジ・プル
　チにとっての指導的人物の生命と思考を純粋に帰納的に
　考察すると，まさに探求された人物にとってはこれらの
　指標が無条件的には適合しないという結果がいつも明ら
　かになる。もしもわたしたちが，記述された人間の生命
　との密接なつながりにおいて，そしてまずもってすべて
　の時代の広い流れとのつながりにおいて単に一つに統一
　された「特徴的な指標」であるものを理解しようと試み
　るならば，それらはしばしば非常に異なる様相を呈する
　であろう。そしてわたしたちが帰納的な探求の結果を一
　つにまとめると，敬虔と不敬虔，善と悪，来世と現世は
　言うまでもなく，徐々に限りなく複雑なルネサンスの新
　たな像が現れてくる。ルネサンス全体の生命と志望は，
　多いに称賛された中世の文化的統一ですら不可能なよう
　に，一つの原理からは，つまり個人主義や感覚主義から
　は導出され得ない[24]。

110

5　それぞれの学における「特殊」と「普遍」

　わたしはヴァルザーのこの命題にまったく同意する。か
つてルネサンスの歴史，文学，芸術，哲学の具体的な研究
に励んだ人なら誰でも，それを自分自身の体験から正当で
あることを認め，証明することができよう。しかしながら
それによってブルクハルトの概念が論駁されているであろ
うか。わたしたちはその概念を論理学の意味で，いわば空集
合（Nullklasse）──ひとつの対象もそれに含まれていない
集合──であると見なすべきだろうか。もしもそれが不可避
であるとすれば，個々の事例の経験的比較によって，つまり
一般に「帰納法」と呼ばれるものによって獲得され得る類概
念の一つが問題とされる場合だけであろう。このような尺度
で測ると，実際にブルクハルトの概念は考査に合格すること
ができない。ブルクハルトがまさに膨大な事実の資料にもと
づいてルネサンス的人間という叙述ができたことは確かであ
る。わたしたちが彼の著作を研究すると，この資料の充実と
その信頼性が何度も繰り返しわたしたちを驚かせる。ところ
が彼の行った「概観」の仕方，彼の与えた歴史的総合は，経
験的に得られた自然概念のそれとは原則的にまったく異なっ
ている。ここでわたしたちが「抽象化」について語ろうとす
るならば，その場合にはフッサールが「理念化的抽象」と呼
んだあの過程を問題にすることになろう。そうした「理念化
的抽象」の結果が，いつか何らかの具体的な個々の事例と一
致するかもしれないなどと期待することも，要求することも
できない。そしてここでは「包摂」でさえ，今ここで与えら
れている或る物体，たとえば或る金属のかけらがわたしたち
に知られているすべての金という概念を充たしていることを
見出す際に，それを包摂するのと同じ仕方で行われるのでは
決してない。わたしたちがレオナルド・ダ・ヴィンチとアレ

111

第 3 論考　自然の概念と文化の概念

ティーノを，マルシリオ・フィチーノとマキャヴェッリを，
ミケランジェロとチェーザレ・ボルジアを「ルネサンス的人
間」として特徴づけるとき，その際にわたしたちは，彼らの
なかに特定の，内容的に固定した個々の指標——そこにおい
て彼らのすべてが一致する——が見出され得ると主張するの
ではない。わたしたちは彼らがまったく異なるというだけで
なく，むしろ対立的であるとも感じるであろう。わたしたち
が彼らに関して主張するのは，ただ次のことに過ぎない。す
なわち，彼らがこのような対立にもかかわらず，いや，こと
によるとまさにこの対立によってこそ，相互に或る特定の理
念的なつながりのうちにあるということ，そして彼らの一人
一人がそれぞれの仕方で，わたしたちがルネサンスの「精
神」とか，あるいはルネサンスの文化などと呼ぶものの構築
に協力しているということである。それによって表現される
べきことは，方向性の統一であって存在の統一ではない。そ
れぞれの個人がともに仲間であるのは——彼らが相互に同等
であるとか，あるいは似ているためではなく，むしろ彼らが
共通の課題に協力して取り組んでいるからであり，それをわ
たしたちは中世と比べて新しいものとして，つまりそれをル
ネサンスに固有な「意味」として感じ取るのである。人文
学のすべての真正な様式概念は，いっそう厳密に分析する
と，そのような意味概念（Sinnbegriff）へと還元される。わ
たしたちがさまざまな，そしてしばしば外見上では異なる芸
術的表出を，リーグルの表現を用いてそれらを特定の「芸術
意欲」の表出として理解することによって統一性〔をもつも
の〕として集めて見ないならば，一つの時代の芸術様式が規
定されることはない[25]。たしかにそうした概念は特徴づける
としても，規定することはない。それらの概念に属する特殊

112

なものは，それらの概念からは導き出され得ない。ところが
わたしたちがそれによって，ここでは直観的な描写がなされ
ているだけであって，概念的な特徴づけはないと推論するこ
とも同様に正当ではない。むしろここで問題とされているこ
とは，こうした特徴づけに固有な方法と方向，つまり独自な
論理的 - 精神的活動なのである。

6　現実の知覚に関する問題

　さしあたり，いま一度それ以前の考察を振り返るためにこ
れらの諸点を保留しておくとしよう。様式概念に関する論理
学的な分析の成果がその意義のすべてを受け取るのは，わ
たしたちがそれを現象学的分析の成果と比較するときであ
る。ここでわたしたちに示されるものは，並行論であるとい
うだけでなく，むしろ真正な相互規定である。一方の形式＝
様式概念と，他方の事物概念という区別は，以前に知覚の構
造においてわたしたちが遭遇したのとまったく同じ相違を純
粋に論理学的な言語で表している。それはある意味で，特定
の対立した方向の論理学的な翻訳であり，そのものとしては
概念の国で初めて登場するというのではなく，むしろその根
は知覚の土壌に沈降している。ここでは純粋に「直観的な」
（intuitiv）認識の形式において知覚が含んでいるものを，概
念が「論証的に」語っているのである。わたしたちが知覚
と直接的に観ること（Anschauung）によって捉える「現実
性」は，そこではなんら明確な分離のない全体としてわたし
たちに与えられている。そしてなおもそれが〔いちょうのよ
うに〕「一枚で二枚」（eins und doppelt）[26]であるのは，わた
したちがそれを一方では事物の現実として捉え，そして他方

第3論考　自然の概念と文化の概念

では「人格的な」現実として捉えるからである。あらゆる認識批判にとって最初の課題の一つは，経験に関するこれら二つの根本形式の論理的構成を明らかにすることである。事物の世界にとって，つまりわたしたちが「物理的な」現実と呼ぶものにとって，カントはこの問いに短く，かつ，深い意味を込めて答えている。経験の質料的条件，つまり普遍的な法則にしたがって感覚と関連するものは現実的である。物理的な意味における現実は，感覚によっては決して汲みつくされない。現実は単なるここといまに縛り付けられていない。それは普遍的な体系的関係性のなかにこのここといまを据えるのであり，現実はそれを空間と時間の体系にはめ込む。科学が感覚の「素材」に関して行うあらゆる概念的な処理は，究極的にはこの一つの目的に寄与している。この働きは科学の発展のなかでますます豊かになり，多様になった。そしてこの働きは，個別的にその道程を辿ろうとする論理学的分析にとっては，ますます精密なものとして際立ってくる。ところがこの働きは，図式的な簡略化が許される限り，主として二つの根本契機に還元され得る。性格の恒常性と法則の恒常性は，共に物理的世界の本質的特徴である。わたしたちが一つの「宇宙」について語ることができるとき，それはわたしたちが生成というヘラクレイトスの流れを何らかの仕方で静止させていること，つまりわたしたちがそこから恒常的な規定を取り出すことができるということを意味する。哲学的，あるいは科学的理論がその独立した要求を伴って現れるところで初めてこうした移行が生じるのではない。むしろこの「硬化」への傾向はすでに知覚そのものに固有であり，また，それなくしては決して「事物」の知覚とは成り得ない。すでに知覚が，つまりすでに視覚，聴覚，そして触覚が，あらゆる

114

6　現実の知覚に関する問題

概念形成がそれを前提とし，それに結びつかざるを得ない最初の一歩をここで踏み出しているのである。なぜならここではすでに，わたしたちが或る対象の「実際の」色をその外見上の色から，その真の大きさを外見上の大きさから区別する選別の過程が遂行されているからである。感覚知覚に関する現代の心理学と生理学はこの過程をその関心事の中心に据え，それをあらゆる面から探求した。知覚の恒常性に関する問題は，それらにとってもっとも重要で，認識論的にもっとも実り豊かな問題の一つをなしている。なぜならここから，知覚による認識を精密科学のもっとも高度な概念形成に，とりわけ数学の群の概念に結びつける橋が架けられるからである。知覚が単なる見積りで満足するところで，科学は厳密な規定を要求するという事実によってのみ——当然のことながらもっとも重要な仕方で——知覚から区別される[27]。このためにはそれに固有で新しい方法論が必要となる。それは事物の「本質」を純粋な数の概念において，つまりすべての事物の部類に特徴的な物理的‐化学的定数において規定する。そして科学は，それが確固たる関数的な関連を通して，つまりいかに一つの量が他のものに依存するのかをわたしたちに示す方程式によりこれらの定数を結びつけることによって，この関係性を確立する。わたしたちはこのようにして初めて「客観的な」現実への確かな足場を獲得し，一つの共通した事物の世界が構成されるのである。ところがこの成果は，当然のことながら或る代償を支払わねばならない。この事物の世界は根本的に生命を奪われており，何らかの仕方で「個人的な」体験を想起させるものはすべて，単に退けられるというだけでなく，それは取り除かれ，消し去られているのである。

第 3 論考　自然の概念と文化の概念

7　間主観的世界としての人間文化

　それゆえ自然に関するこのような像においては，人間文化
は居場所や故郷を見出すことができない。それにもかかわ
らず，文化もまた一つの「間主観的な世界」であり，それ
は「わたしの」うちに在るのではなく，むしろすべての主観
にとって近づくことができ，すべての主観がそれを共有して
いるべき一つの世界である。ところがこの共有の形式は，物
理的世界でのそれとはまったく異なっている。主観は同一の
空間 - 時間的宇宙に結びつく代わりに，共通する行為のうち
で自らを見出し，それと一体となる。主観は相互にこうした
行為を行うことによって，異なる世界の形式——そこから文
化が構築される——において互いに相手を識別し，相互に認
めるようになる。ここでもまた，知覚が最初の決定的な一歩
を，つまり「我」から「汝」へと至る一歩を踏み出さねばな
らない。ところがここで受動的な表情体験は，単なる感覚つ
まり単純な「印象」と同様に客観的な認識にとって十分では
ない。真の「総合」は，わたしたちが言語によるすべての
「コミュニケーション」のなかで特徴的な形式で見出すよう
な，能動的な交換（Austausch）においてのみ行われる。わ
たしたちがこれに対して要求する恒常性は，特性や法則に関
するものではなく，むしろ意味に関するものである。文化が
ますます発達し，またそれがますます個々の領域に分かれて
いくにつれて，この意味の世界はいっそう豊かで多様にかた
ちづくられる。わたしたちは言語の世界のうちに，詩作と塑
像的芸術の比喩的表現のうちに，音楽の諸形式のうちに，宗
教的表象や信仰の形象のうちに生きている。そしてわたし

116

7 間主観的世界としての人間文化

たちはこれらのなかにおいてのみ，お互いを「知る」のである。この直観的な知識は依然として「科学」の特徴をもっていない。わたしたちは言語学や文法学を必要とせずに語らいのなかでお互いを知り，また，「自然な」芸術感情は何ら芸術史や様式論を必要としない。ところがこの「自然な」理解はすぐにその限界に達する。単なる感覚知覚が宇宙空間の深みに入り込むことができないように，わたしたちは直観の諸要素をもってしては文化の深みに到達することができない。〔それを通して〕わたしたちは宇宙と同様に文化においても，近いところを理解できるだけであって，遠方は闇と霧のなかに消失する。ここでは科学の努力と成果が決定的な役割を果たす。自然科学は，近いところと遠方の区別がない普遍的な法則の認識へと上昇することによって遠方の支配者となる。自然科学はわたしたちがもっとも身近な領域で行える観察をもって，つまり物体の自由落下で見出す規則から出発する。ところが自然科学はこの発見を普遍的な引力の法則にまで押し広げ，それが宇宙空間の全体へと拡大される。こうした普遍性の形式は人文学によっては達成されない。人文学は擬人論と人間中心主義を放棄することができない。人文学の対象は世界そのものではなく，むしろそれの個別的な領域に過ぎず，それは純粋に空間的な観点からは微細なものとして現れる。しかしながら人文学は人間の世界に立ち止まり，地上の実在という窮屈な限界内に囚われてはいるが，それにあてがわれたこの範囲を完全に測量すべくそれだけいっそう努力する。その目的は法則の普遍性ではないが，それと同様に事象や現象の個別性でもない。人文学はそれら両者に対して固有な認識理念を打ち立てる。それが認識しようとするものは，人間の生活がそのなかで行われる諸形式の全体性である。こ

117

第3論考　自然の概念と文化の概念

れらの諸形式は無限に細かく分けられてはいるものの，それでもなお統一した構造を欠いているのではない。なぜなら文化の発展において，わたしたちが何度も繰り返し幾千もの顕現や幾千もの仮面の下で出会うのは，結局のところ「同じ」人間だからである。わたしたちはこの同一性を観察や計量，または測量によって自覚するようになるのではないが，それと同様にわたしたちは心理学的な帰納法を通してそれを理解するのでもない。むしろそれは，行為を通してのみ証明される。或る文化がわたしたちに接近可能になるのは，わたしたちが積極的にそれへ参与する（eingehen）ことによってのみであり，この参与は直近の現在に束縛されてはいない。「より早い」や「より遅い」といった時間的な差異がここで相対化されるのは，物理学や天文学の解釈では「ここ」や「そこ」という空間的な区別が相対化されるのと同じである。

　　両者の〔相対化という〕成果にとって必要とされるのは，もっとも繊細で複雑な概念的仲介である。或る場合にはそれは事物と法則の概念を通して，また他の場合には形式と様式の概念を通して成し遂げられる。歴史的な認識は不可欠な要素としてこの過程に入り込んでいくが，それ自身は目的ではなく手段である。歴史の課題はただわたしたちに過ぎ去った存在と生命を知るようにさせることだけでなく，むしろそれをわたしたちが解釈できるようにすることに本質がある。過ぎ去ったことに関する単なる知識はすべて，再生的な記憶の力以外のすべての力がそれに関わっていないとしたら，それはわたしたちにとって「画板の上の無言の絵」[28]のままであろう。記憶が出来事や事象に関して保存するもの，それをわたしたちが自分たちの内部へと取り込み，そしてそのなかで変形できることによってはじめて歴史的な追憶となる。ラン

118

7　間主観的世界としての人間文化

ケは次のように述べた。歴史家の本来の使命は「実際に起き
たままに」[29]記述することにある，と。しかしながら，たと
えわたしたちがこの言葉を受け容れるとしても，その「起き
たこと」が歴史の観点に移されると新たな意味を獲得すると
いうことは〔事実で〕あり続ける。歴史は単なる年代記では
ないし，また，歴史的な時間は客観的 - 物理的な時間ではな
い。歴史家にとっては，過去のものは自然研究者と同じ意味
で過ぎ去るのではなく，それは固有な現在をもち，それをい
まに留めている。地質学者はその土地のかつての形状をわた
したちに伝えることができ，古生物学者は死に絶えた有機的
形態について述べることができる。これらはすべて，かつて
「在った」ものではあるが，それが在ったところで（Dasein），
在ったように（Sosein）は復元され得ない。ところが歴史は，
決して単に過ぎ去った存在をわたしたちの前に据えようとす
るのではなく，むしろわたしたちが過ぎ去った生命を理解で
きるようにしようとする。歴史はこの生命の内実を復元する
ことはできないが，それの純粋な形式を保持しようと試み
る。人文学が打ち出すさまざまな形式および様式概念の充溢
は，究極的にはただそれらの概念を通しての蘇生，つまり文
化の「再生」（Palingenesie）を可能にするという一つの課題
に従事している。実際にはわたしたちにとって過去を現に保
存しているものは歴史的な記念碑，つまり言辞や文書，そし
て絵画や銅像といった「モニュメント」である。わたしたち
がこれらのモニュメントのなかにシンボルを見出すときに初
めて，それらはわたしたちにとっての歴史と成るのであり，
わたしたちはそのシンボルによって特定の生の形式を認識す
るだけでなく，むしろそれによってその生の形式を原状に返
すことができるのである。

119

第3論考 自然の概念と文化の概念

II

1 テーヌの芸術哲学：自然主義による批判

　様式概念の論理的自律を擁護する理論は，まずもって19世紀の自然主義がこの自律に対して行った攻撃に直面させられる。様式概念のあらゆる特性に異を唱える，もっとも明敏で徹底した試みがイポリット・テーヌによってなされた。テーヌは単なる理論に立ち止まらず，ただちにそれの事実への転用に取り掛かったため，その試みはいっそう説得的である。彼は『芸術哲学』と『英国文学史』において，自身の命題をみごとな仕方で展開した。彼は文学と芸術学が真に学問的な方法で論じられ得るとすれば，それらがそれぞれの特殊な地位を放棄するときだけであることの証明を，芸術史と文学史におけるほとんどすべての偉大な時代の広範囲にわたる素材によって提出しようとした。それらは何らかの点で自然科学から区別されようとするのではなく，むしろそのなかへ完全に取り込まれねばならない。なぜならすべての科学的認識は因果関係の認識だからである。因果関係の領域に，「精神的な」因果と「自然的な」因果などという二つの領域があるのではないように，「精神科学」や「自然科学」の因果などというものもない。そのためテーヌは次のように説明する。

　　わたしが追究しようとしており，またあらゆる人文科学（Les sciences morales）が採用しようとする現代的な

120

1 テーヌの芸術哲学

　方法は，人間の作品，とりわけ芸術作品を，事実や産物
——その性質を明らかにし，原因を探究する必要がある
——として考察することに他ならず，それ以上のもので
はない。科学は拒絶もしなければ容赦もしない。それは
指摘し，解釈するだけである……それは，同じ興味を
もって，時には柑橘類，月桂樹，時には白樺を研究する
植物学のように進む。美学はそれ自身一種の応用植物学
であって，植物に応用するものではなく，人間の作品に
応用される。この意味においてそれは，今日に精神科学
（Les sciences morales）を自然科学に接近させ，そして
後者の原理と批判的方向性を与えることによって前者に
同一の堅実性を伝え，同一の進歩を確保する，一般的な
傾向を辿っている[30]。

　テーヌがいかなる仕方で自分の立てた問いを解決すべく試
みたのかは周知のとおりである。人文学の自然科学への還元
が成功すべきであるとすれば，まずもって文化的な出来事の
困惑させる多数性の支配者となることが試みられねばならな
い。言語，芸術，宗教，国家および社会の生活のなかで，初
めのうちわたしたちの眼差しは個々の形象に関して色とりど
りの多様性や絶え間ない移り変わり以外の何ものも見出すこ
とができない。他のものと同じものは何もないし，かつてと
同じ仕方で繰り返されるものも何もない。ところがわたした
ちは，この色とりどりの豊かさによって困惑させられたり，
目を眩まされたりしたままではならない。ここでもまた，知
識は自然科学が歩んだ道を進まねばならない。それは事実を
法則へ，法則を原理へと還元しなければならない。そうする
と多数の仮象が姿を消し，厳密な自然科学のそれに匹敵し得

第 3 論考　自然の概念と文化の概念

る同一性と単純さが現れる。わたしたちは最終的に物理的な
出来事と同様に精神的な出来事においても，常に同じ仕方で
作用する一定不変な要因や根源的な諸力に遭遇する。「いっ
そう包括的で，普遍的な因子が存在し，事物の普遍的な構造
と出来事の大きな特徴とは，その働きである。宗教，哲学，
詩作，産業，そして技術，社会と家族の形態というのは，究
極的にはこの普遍的な要因によって諸々の出来事に授けられ
てきた刻印に過ぎない」[31]。

2　人文学における 3 つの説明原理：
人種・環境・時代

　ここで問われるべきことは，テーヌがどの程度まで彼の基
本テーゼを，つまり厳密な決定論というテーゼを実質的に証
明したかではない[32]。ここでわたしたちにとって重要なのは
その問題の論理的な側面だけであり，つまりテーヌが基礎と
した概念および彼の文化現象の解釈において有効に用いられ
た方法である。彼が自分自身の原理に対して忠実であろうと
したとき，彼は「文化の概念」を「自然の概念」から発展さ
せるように心がけねばならなかった。彼はいかにして或るも
のが他のものと直接的に結びつき，そしていかにしてそれら
のものから生じてくるのかを示さねばならなかった。そして
紛れもなくこのことが，彼が有名な人文学の説明原理の三要
素を打ち立てた際に，彼が成し遂げたと信じた目標であっ
た。これらの説明原理，すなわち人種，環境，時代の概念は
いかなる観点においてもわたしたちが純粋に自然科学的な方
法をもって確認できるものの領域を踏み越えてはいないと思
われた。だが他方でそれらは，もっとも複雑な人文学的現象

122

2 人文学における 3 つの説明原理

でさえ導き出すために必要なもののすべてをその胚芽のなか
に含んでいる。それらの概念は，まったく単純で，反論の余
地がない事態を現すという二重の条件——すなわちそれは，
極端な変化が可能であるのと同時にもっとも多様な適用例に
おいても同じ仕方で繰り返される——を充たしている。わた
したちはテーヌがその具体的な個々の叙述において基礎にし
ている固定した図式に生彩を添え，それを直観的な内実で満
たした技法に何度も驚嘆せざるを得ない。しかしながら彼が
いかにしてこのような成果をあげることができたのかを問う
と，非常に奇妙で，方法論的に複雑な事態が生じる。なぜな
らわたしたちはそこではいつも，テーヌの説明方法がいわば
弁証法的にそれの正反対に変わる地点へと知らぬ間に導かれ
るからである。わたしたちはこのことを 17 世紀のオランダ
絵画に関する彼の叙述を例にして明らかにしてみよう。テー
ヌはここで自分の原則（Maxime）に忠実に「普遍的な」因
子から出発する。オランダは沖積土の国であり，それは大河
によって運ばれ河口に沈殿する堆積物から生まれた。このよ
うな一つの特徴をもって，その土地と住民の根本性格とされ
ている。わたしたちはオランダの人々がそのなかで育った風
土と環境を目の当たりにし，そしてこの環境がいかにすべて
の物理的特性，道徳的 - 精神的特徴を規定せざるを得なかっ
たのかを捉える。オランダの芸術は，まさにこのような特性
の自然で必然な表現および刻印に他ならない。このようにし
て，思弁的 - 観念論的な美学に唯物論的で自然主義的な美学
が，——「上からの美学」に「下からの美学」が——対峙さ
せられる。ここではわたしたちが一歩ずつ先に進んでいくと
いうような，概念的な厳密さが要求されているかのようであ
る。一連の因子の連続は遮られてはならない。「物理的なも

123

第3論考　自然の概念と文化の概念

の」から「精神的なもの」への突然の飛躍はどこにもあってはならない。わたしたちは無機物の世界から有機物の世界へ，物理学から生物学へ，そしてそこから特殊な人類学へと進んで行かねばならない。そうすると，それによってわたしたちは目標地点に到達している。なぜならわたしたちが人間をあるがままに認識するならば，わたしたちはその人間の成果をもただちに理解しているからである。

　この計画はすべての点で大いに見込みがあるように思われる——しかしながらテーヌはそれを実際に成し遂げたであろうか。彼は物理学から植物学と動物学へ，解剖学と生理学へと徐々に上昇し，心理学と性格学に至ってそこから最終的に特別な文化の諸現象を説明したのであろうか。わたしたちがそれをいっそう詳細に検討するならば，それが何ら事実ではないことに気づかされる。テーヌは自然科学者の言語で語り始めるが，わたしたちは彼がこの言語に慣れていないことに気づかされる。彼は先に進めば進むほどに，そして彼が本来の具体的な問題に接近すればするほどに，彼は自分自身が無理やりに異なる概念言語で考え，語っているのを目の当たりにする。彼は自然科学的な概念と術語を出発点としたが，その研究のなりゆきにおいてそれらの両者は奇妙な語義の変化を免れない。テーヌはギリシア，イタリア，オランダの風景について語るとき，彼が自分の手法に忠実であろうとすればこれらの風景を「物理的な」指標にしたがって，それゆえ地質学者や地理学者としてそれらを叙述しなければならなかった。そしてわたしたちが見てきたように，〔彼は〕この点については実際に努力を欠いていない。しかしながらわたしたちはすぐにまったく異なる特徴づけに遭遇するのであって，わたしたちはそれを物理的なものとは対照的に「人相学

124

2 人文学における3つの説明原理

的な」特徴づけと呼ぶことができる。風景は陰鬱か快活であり，苛烈か柔和であり，華奢か荘厳である。これらはすべて，明らかに自然科学的な観察の方法によって確認できる指標ではなく，むしろ純粋に表情的な特徴である。そしてテーヌはこれらの特徴によってのみ，ギリシア，イタリア，オランダ芸術の世界へと彼を導く架け橋を渡すことに成功するのである。

　テーヌが本来の人間学的な問題に接近するやいなや，このような事態が特別な明瞭さをもって現れてくる。彼のテーゼが要求するのは，彼がすべての偉大な文化的時代に特定の人間の型を割り当て，そしてそれらの時代をこの型から導出することである。それゆえ彼は次のことを示さねばならなかった。すなわち，その民族とそこから推論される物理的な個々の規定にしたがって，ギリシア人がホメロスの詩やパルテノン・フリーズの創作者に，イギリス人がエリザベス朝演劇の創作者に，イタリア人が『神曲』やシスティーナ礼拝堂の創作者にならざるを得なかったということである。ところがテーヌはそうしたすべての疑わしい構成を避けたのであった。ここでもまた，彼は自然科学的概念の言語を語ろうとする僅かな試みの後で，素早く決断して表情的な言語を語ることに転じる。彼は解剖学や生理学を論拠とする代わりに，まったく異なる認識方法に身を委ねている。このことは論理学の観点からすると逆行や矛盾であるように思われるだろう。しかしながら彼の本来的な課題という観点からすると，それは確かな利得である。なぜならこれによって初めて無味乾燥した論理学的な型——人種，環境，時代という型——が色彩と生命を得るからである。個人はただその彼自身の法則においてのみ現れるというのではなく，個人はまさしくす

125

第 3 論考　自然の概念と文化の概念

べての文化 - 歴史的考察にとっての焦点として認められる。
「個人を通しての他には何ものも存在しない。わたしたちが
知らねばならぬものは，個人その人である」。それを通して
のみ，一つの時代の芸術的，社会的，宗教的生活の特性が理
解できるものとなる。「或る教義は，けっしてそれ自身のう
ちにあるものではない。それを理解するためには，それを作
り出した人間を観察しなければならない，つまり 16 世紀の
自画像——厳格で生気に満ちた大司教やイギリスの殉教者の
顔——をあれこれ研究しなければならない。本当の歴史がわ
たしたちの前に現れるのは，歴史家が時間の隔たりを越えて
生きた人間を……彼らの声と顔つき，身振りと衣服を伴って
……わたしたちの前に据えることに成功するときである」[33]。

3　人間の「全体像」がもとづく根拠

　しかしながらわたしたちは，テーヌによると文化的 - 歴史
的業績のアルファにしてオメガであるこの具体的な人間の知
識をいったいどこから受け入れるのであろうか。わたしたち
はすべての文化が人間の所産であり，またそれゆえ人間本性
の洞察から他のすべてのものが全面的に規定されるという
テーヌの基本原則をただちに認めるとしよう。カントは哲学
史において自由の観念をもっともラディカルに代表する者の
一人であるが，それにもかかわらず次のように述べた。すな
わち，もしもわたしたちが一人の人間の経験的な特徴を完全
に知ることができるとすれば，わたしたちは天文学者が日食
や月食を予測するのと同じ確実性をもってその人間の未来の
行動を予測することができるであろう，と。わたしたちが個
別から普遍へと転換するならば，ひとたびわたしたちが 17

126

3 人間の「全体像」がもとづく根拠

世紀オランダの特徴を知れば，それによって他のすべてのものが与えられると主張され得るであろう。わたしたちはこの認識からあらゆる文化的形象を演繹することができる。つまりわたしたちは，政治的および宗教的生活の変革が，大きな経済的好況が，思想の自由への目覚めが，そして学問的および芸術的生活の開花がこの時代のオランダで生じたということ，また，それがなぜ生じたのかを理解するのである。しかしながら真の因果関係への完全な洞察でさえ，まだわたしたちの論理学的な主要問題に答えることはないであろう。なぜなら論理学は事象の真の根拠ではなく，認識の根拠を問うからである。それゆえ論理学にとって本来の主要問題は次のことである。すなわち，わたしたちは文化の伝達者や創作者としての人間についてわたしたちがもっている知識を，いかなる認識の種類に負っているのか，である。そしてここでわたしたちの前に現れるのは，テーヌ自身の許での，そして彼自身の叙述の直中でのきわめて奇妙な方向転換である。テーヌは古代のギリシア人や，ルネサンス期のイギリス人，そして17世紀のオランダ人に関する知識を単に資料集から得たのではなかった。またそれと同様に彼は，それらに関して自然科学的な観察や推論，あるいは心理学の実験室が彼に教えることのできたものを拠り所にしているのでもない。なぜなら彼が強調しているように，わたしたちはこれらのすべてをもってしても個々の特徴に至るだけであって，実際の人間の全体像を作りあげることはできないからである。そうするとテーヌがあのような鮮明さでわたしたちの前に提示し，彼が何度も繰り返し本来の説明根拠としてそれを求めたこの全体像は，いったいどこにもとづくものであろうか。わたしたちがここでテーヌの理論に何らかのものを差し挟んでいるとい

第3論考　自然の概念と文化の概念

う印象を与えないためにも，この問いに彼自身の言葉を用い
て答えるとしよう。わたしたちはどこから——と彼は自分自
身に問う——17世紀のフランドルに関して，まるでわたし
たちが彼らの間で生きてきたかのような印象をもつほど確か
な知識を得るのだろうか。直接それらをわたしたちに慣れ親
しませるものとはいったい何であろうか。そしてこれらの問
いは次のように答えられる。すなわち，フランドルを今日の
わたしたちが見るような仕方で見た最初の人はルーベンスに
他ならず，また彼によってそのフランドル像がわたしたちの
なかで消すことのできない刻印となった，ということであ
る。ところがテーヌはここから更に歩を進める。ルーベンス
はこのフランドル像の型を発見し，それを彼の作品のなかで
記録したというだけでなく，むしろ彼はそれを造り出したの
だとテーヌは言う。彼はそれを直接的な自然観察から読み取
ることはできなかったし，それを単なる経験的な比較から得
ることもできなかった。なぜなら「現実の」オランダ人は
ルーベンスがわたしたちに与えようとしたものや，彼がわた
したちに与えたものを何ももっていないからである。そのた
めテーヌはわたしたちに次のように語る。

　　フランドルへ行って，ヘントかアントウェルペンの祭日
　　でお祝いや酒宴の瞬間に人々を眺めてみると良い。する
　　と牛飲馬食の好人物や大変好い気持ちになってパイプを
　　吹かしている人たちの鈍感であり利口な，そして冴えな
　　い顔つきで，テニールスによって描かれた人々の特徴に
　　類似した大きくしまりの無さそうな人々に出会うであろ
　　う。ところが〔ルーベンスの〕『ケルメス（村祭り）』の
　　堂々たる動物に関しては，それらに何らの類似点も見つ

128

3 人間の「全体像」がもとづく根拠

けることはないであろう。そのためルーベンスは他の源泉からそれらを描き出したに違いない……その原型は彼自身のうちにあった。彼は自分自身のなかに，贅沢三昧な生活の詩情，あふれんばかりに淫蕩な官能的愉悦，大きく解き放たれた動物的歓喜を感じ取ったのだった。ルーベンスはこの感情を彼の『ケルメス』において表現するために……これまでわたしたちに画家の筆が見せたことのない，人間における獣性のもっとも驚くべき凱歌を描いたのだった。芸術家がその描写のなかで，人間の身体の部分的比率を変えるとき，彼はそれを常に同じ意味において，また特定の意図をもってそれを行うのである。彼はそれによってその対象の本質的特徴（*caractère essentiel*）と，彼が自分自身によって作り上げた主要観念（*idée principale*）を可視的にしようとする。わたしたちはこの〔本質という〕言葉に注意しなければならない。この特徴は，哲学者が事物の本質（*l'essence des choses*）と呼ぶものである……しかしながらわたしたちはこの本質という術語としての言葉を退けて，単純に芸術とは事物の主要な性質を，つまり事物の或る顕著な特質，或る重要な見方を表出することを目的にするものであると言うことにしよう[34]。

わたしたちが〔既述の〕テーヌの理論の出発点について考えるならば，これらの芸術が対象とするものの言い換えのすべてが根本において等しく大きな不可解であり続けるであろう。というのも，特定の直観的対象の「本質」，その「際立った特徴」，そしてその主要な特質がいったい何のうちに存立するのかは，いかなる手段でもって規定され得るであろ

129

第 3 論考　自然の概念と文化の概念

うか。ここでは明らかに直接的な経験的観察はわたしたちの
役に立たない。なぜならその観察がわたしたちに指標として
差し出すものはすべて，その観察の立場から見れば，同一線
上にあり，その指標はどれも他の指標に対する本質的あるい
は価値的優位をもってはいないからである。それと同様に，
ここでは静的な手法がわたしたちの助けにはならないことも
明らかである。テーヌ自身によればルーベンスが彼の絵画の
なかで与えたオランダ人の像は，決して無数の個別的な観察
から拾い集められた単なる平均像などと見なされてはならな
い。それは直接的な自然観察に由来するのではないし，また
そのような手法によって見出されもしなかった。それは芸術
家の魂（Seele）に由来している。なぜなら芸術家の魂だけ
がこのような仕方で「本質的なもの」を「非本質的なもの」
から，規定的なものや支配的なものを偶然的なものから区別
することができたからである。「自然のうちにはその特徴が
多分にあるだけである。芸術においては，それを支配者の地
位におこうとする。この特徴は現実のものを型に入れるが，
その入れかたが十分ではない。その特徴は働く際に邪魔をさ
れ，他の原因に飛び込まれて妨げられる。その性質は対象物
に十分強く鮮明な刻印を押すことができなかった。人はこの
欠陥を感じ，その欠陥を埋めるために芸術を発明したのであ
る」[35]。

　こう記述しているように，テーヌはこの点でどんなに厳密
な自然科学の理論的領域も超え出ることはないと信じてい
た。それにもかかわらず，わたしたちはテーヌの言葉がすべ
ての「観念論的」美学において成立し得るだろうこと，また
この場合に彼が，当初は否認するように思われたもののすべ
てをその美学で承認していることにひと目で気がつく[36]。い

130

3 人間の「全体像」がもとづく根拠

まや芸術はそれの本来的な創造機能を所有しているのであ
り，それにもとづいて本質的なものを非本質的なものから，
必然的なものを偶然的なものから区別する。それは決して単
に経験的な観察や個々の具体的な事例の多数性に自らを委
ねるのではなく，むしろそれらを「区別し，選び取り，裁
く」[37]のである。それゆえわたしたちは，ここでわたしたち
に現れてくる「本質的なもの」に関する知識を，自然科学の
帰納法的な手法に負っているのではない。むしろこの知識をわ
たしたちに伝えるためには，ホメロスかピンダロス，ミケラ
ンジェロかラファエロ，ダンテかシェイクスピアを必要とす
る。わたしたちに古代のギリシア人やルネサンス期のイタリ
ア人やイギリス人の像をもたらし，それを根本的な特徴とし
て確定させたのは，まさに偉大な芸術家たちの直観である。
ここでわたしたちは次のことを明瞭に認識する。すなわち，
テーヌは特定のはっきりした解答に到達するために，奇妙な
旋回運動を描いているということである。テーヌは芸術形式
の世界を物理的な諸力の世界から導出し，説明しようとし
た。ところが彼はこの形式を再び或る他の名称の下で導入せ
ざるを得なかった。なぜなら彼はそれによってのみ，自然現
象や自然的事物という「どこまでも一様に流れゆく系列」[38]
のなかに，彼が自分自身の叙述にとって必然的に要求される
特定の差違を導入することができたからである。そしてこの
最初の一歩がそれに続くものすべてにとって決定的な意味を
もつものであった。なぜならひとたびその一歩が踏み出され
たあとでは，すでに厳密な自然科学的手法という強固な鎧は
砕かれているからである。いまやテーヌは，なんら独断論的
な前提条件に気兼ねすることなく，ふたたび「繊細な」直観
に身をゆだねることができ，──そして彼はこれを存分に行

第3論考　自然の概念と文化の概念

う。地質学と地理学，植物学と動物学，解剖学と生理学は徐々に忘れ去られていく。テーヌがオランダの自然を叙述するとき，彼は屈託もなくオランダの風景画が彼にこの自然について教えたものに自分自身を委ねている。そして彼がギリシア人の性質について語るときには，彼は人類学的な観察や測量にではなく，むしろギリシアの彫刻，つまりフェイディアスやプラクシテレスが彼に教えたものに信頼を寄せている。人が自分自身に或る自然の像を形作り，それが特定の根本的な特徴において芸術そのものに由来し，そしてその芸術から認証を得た後では，人が自然から芸術を「導き出す」ことができるという，このような考察が逆転することはなんら不思議ではない。

　わたしたちがここで遭遇する困難は或るまったく普遍的な問題を指し示しており，それは遅かれ早かれ人文学的な概念の使用において現れてくる。自然の対象は直接的にわたしたちの目の前にあるように思われる。なるほどいっそう鋭い認識論的分析は，この対象を規定するためにも，つまり物理学，化学，生物学が「対象とするもの」をそれに固有な仕方で規定するためには，いかに多くの，またいかに複雑な概念が必要とされるかということを，ただちにわたしたちに教えている。だが，この規定というのは，或る確実に同じ方向において遂行される。すなわち，わたしたちはいっそう確実にその対象を知るようになるために，いわばそれに近づいて行くのである。しかしながら文化的対象はそれとは異なる考察を要求する。なぜならそれは，いわばわたしたちの背後に横たわっているからである。確かに一見したところそれは，他のいかなる対象よりもわたしたちによく知られていて，いっそう容易に接近できるように思われる。というのも，すでに

132

3 人間の「全体像」がもとづく根拠

ヴィーコが問うように，人間が自分自身で創りだしたもの
に優って，いっそう容易で確実に理解することのできるもの
とは何であろうか。またそれでいて，まさしくここで超克し
難い認識の限界が現れる。なぜなら理解の反省的過程は，そ
の方向においては生産的過程へと向かう方向とは反対であっ
て，それら両者は同時に一緒に遂行され得ないからである。
文化は絶え間ない流れのなかで，新しい言語的，芸術的，宗
教的シンボルをひっきりなしに創りだし続けている。ところ
が科学と哲学はこうしたシンボル的言語を理解可能なものと
するためにそれの構成要素に分解せざるを得ない。それらは
総合的に生み出されたものを分析的に取り扱わざるを得ない
のである。そのためここでは絶えざる流入と還流が支配す
る。カントの表現に従えば，自然科学はわたしたちに「現象
を判読し，それを経験として読み得るようにする」[39]。そし
て人文学はわたしたちに，シンボルに隠れている内実を読み
解くために，——それらが根源的に由来する生命をふたたび
可視的にするために，それらのシンボルを解釈できるように
するのである。

第4論考
形式の問題と因果の問題

1　形式的思考と因果的思考

　形式の概念と因果の概念は二つの極を成しており，わたしたちの世界理解はそれらを旋回している。それらはともにわたしたちの思考が固定した世界秩序を樹立するためには不可欠である。その最初の一歩は，直接的な知覚に与えられる存在の多様性を整理して，それを特定の形象にしたがって，つまり部類や種類にしたがって区分けすることでなければならない。ところが存在に関する問いとならんで，——それと等根源的で同等の権利をもった——生成に関する問いが立てられる。世界とは「何であるか」だけでなく，それは「どこからきたのか」が理解されねばならない。神話はすでにこの二つの問いに通じている。神話はそれが捉えるすべてのものを，つまり神々と同様に世界をもこの二重の様相の下で見ている。神々もまたその存在と生成をもっており，神話の神学が神話的な神々の誕生系譜に手を貸している。哲学的思考は神話に対立し，新しく固有な世界認識の仕方を発達させる。ところが哲学的思考においてもまた，ただちに意識的な対立へと発展していく同様の分裂が最初から見出される。形式概念と因果概念は，それらがお互いに対立し始めるやいなや，

134

1 形式的思考と因果的思考

それらはその最初の厳密な表現を得る。それらの間で生じる
闘争はギリシア哲学の歴史全体を満たしており，それに独特
な刻印を与えている。ここでは「形式的思考」と「因果的思
考」が分かれるだけでなく，むしろそれらは敵対的な対立と
して対抗し合う。イオニアの自然哲学者，エンペドクレスや
アナクサゴラス，そして原子論者は生成の因果を問う。事物
の原因を知ること（*rerum cognoscere causas*），これが彼ら
の思索と探究活動にとっての本来的な目標を成している。デ
モクリトスはペルシア帝国全土の支配権を得るよりも，むし
ろ一つの「因果法則」を見つけたいと述べた。ところが発生
と生成の根拠を問う「生理学者」とならんで，他の思想家の
一団が立ち上がり，彼らはこの発生と生成を否定し，そこか
らそれの根拠に関する問いは自己欺瞞であると説明すること
になる。プラトンの『テアイテトス』においては，パルメニ
デスが彼らの父にして始祖であると呼ばれている[1]。そして
プラトン自身は彼の成長のなかで，いかにして彼を生成から
存在へ，つまり因果の問題から形式の問題へ導く重大な危機
が生じたのかを古典的な簡潔さと明瞭さで叙述した。彼は
『パイドン』において，「ヌース」つまり理性が世界の原理と
して立てられているがゆえに，アナクサゴラスの書をどれほ
ど熱心に把握しようとしたかを伝えている。しかしながら彼
は，すぐに失望してそれを手放してしまった。なぜなら彼が
〔そこから〕見出したものは，求められた理性の原理ではな
く単なる機械論的原因だったからである。彼は「第二の旅」
を試みなければならなかった——そしてそれこそが彼を初め
てイデア界の岸辺に導いたものであった。

アリストテレスの体系はその対立を別な仕方で和解させる
ことを約束するように思われた。アリストテレスはエレア派

第 4 論考　形式の問題と因果の問題

やプラトンといった純粋な形相の思想家たちとは対照的に，再び生成にふさわしい権利を与えようとする。なぜなら彼は，この方法においてのみ哲学が単なる概念論から現実についての学説になり得ると確信していたからである。ところが他方で彼は，プラトンと同様に形相の認識のうちにすべての科学的な世界の説明の本来的な目標を見ている。そのような世界の説明が可能であるとしたら，形相と質料，存在と生成が相関的でなければならない。形相因というアリストテレスの独特な概念はこのような相関から生まれている。原子論者たちが「因果法則」を得るべく励むなかで拠り所とした質料因は，生成の仕方に関する問いに答えることができない。なぜならそれらは，生成を初めて有意味にするもの，生成を一つの全体へとつなぎ合わせるものを欠いているからである。一つの全体は部分の機械的な結合から生じるのではない。真の全体性というものは，すべての部分が唯一の目的によって支配され，そしてそれを実現すべく励むところでのみ成立する。現実がこのような構造を示しているがゆえに，つまりそれは有機的な存在と有機的な生成であるがゆえに，科学的概念と哲学的認識にとって手に入れられるものである。それらにとって形式の原理と根拠の原理が一致するのは，両者が目的の原理では一体だからである。$\alpha\iota\tau\iota\alpha$〔原因〕，$\varepsilon\iota\delta o\varsigma$〔形相〕，$\tau\varepsilon\lambda o\varsigma$〔目的〕は根本的には同一の事態にとっての三つの異なる表現に過ぎないのである。

　そのためアリストテレスの哲学は，形相の概念と原因の概念を和解させただけでなく，両者をお互いのなかへ解消することに成功したように思われる。形相，原因，そして目的の考察は，或るいっそう高い原理から演繹することができた。アリストテレスの体系におけるもっとも偉大な成果の一つが

1 形式的思考と因果的思考

この点にある。なぜなら今や世界の説明に，驚嘆に値する単一性と統一性がもたらされたからである。物理学と生物学，宇宙論と神学，倫理学と形而上学は共通の原因に関連づけられた。それらは不動の運動者としての神のなかにその単一性を見出したのだった。この成果が反論されずにいる限り，アリストテレス主義がひどく揺さぶられることはなかった。彼の学説はそのおかげで数世紀にわたってその支配力を堅持した。ところが 14 世紀以降になると次第にこの支配力がもはや議論の余地がないものとは認められなくなる兆しが増大してきた。オッカムのウィリアムと彼の弟子たちは新たな自然の観察方法を発展させ，多くの点でアリストテレスの物理学に激しく反対する運動の理論を確立した。さらにルネサンスの最初の世紀においては，アリストテレス主義とプラトン主義の間で長く続く論争が勃発する。それにもかかわらず，アリストテレス主義の転落が生じたのは弁証法によってでも，あるいは経験的な探究によってでもない。アリストテレスは形相因という彼の根本概念がその中心的な地位を主張し得る限りでは完全無欠であった。ところがひとたびこの点に攻撃が向けられると，その体系はばらばらに崩れ去る可能性があった。これが生じたのは数学的自然科学がその主張を携えて登場し，そしてそれの認識理念をただ実際に実現するだけでなく，それを哲学的に基礎づけようとしたときである。いまや因果の概念は或る改革を経験し，形相概念からの完全な分離を許容し，かつ，それを要求するように思われた。なぜなら数学はプラトンの許ではなお全面的に存在の領域に属しているが，いまやそれは生成の側へと移されたからである。ガリレオの力学はその数学的な形式で生成の国を開拓し，厳密な概念的認識がそれに接近できるようにした。これによっ

137

第 4 論考　形式の問題と因果の問題

て形相因というアリストテレスの概念はそのすべての権利を
喪失したことが告げられた。数学的な原因だけが本当の原因
（*causa vera*）なのである。アリストテレスの形相は「不明
瞭な性質」に他ならず，研究においては追放されなければな
らない。これによってあの数学的思考と「数学的因果関係」
の凱旋行進が始まり，それにより〔認識の〕領域が次々とこ
の両者に屈服した。デカルトは〔イギリスの解剖学者ウィリ
アム・〕ハーヴェーによる血液循環の発見を用いて機械論的
な説明方法の必然性を示している。ホッブズはすでに哲学の
・・
定義を，因果概念の優位性のみならず，唯一の妥当性さえも
がそれに由来するというほどに捉えている。彼によると哲学
とは「それらの原因と生成〔についてもつ知識から真の推論
によって獲得するような〕，結果もしくは現れについての知
識」[2] である。ペリパトス的 - スコラ的形相がそうであるよう
に，生成されないもの，永遠なものは，それゆえ決して認識
の対象とはなり得ない。それは哲学と科学から抹消しなけれ
ばならない空虚な言葉である。

2　自然科学と人文学の断絶

　しかしながらこの形相概念の排斥をもって自然科学と人文
学の間での裂け目もまたあらためて明白にならざるを得な
かった。というのも，人文学は自分自身を見捨てることなし
には形相概念を消し去ることができないからである。わたし
たちが言語学，芸術学，そして宗教学において認識しようと
するものは特定の「形式」であり，わたしたちがそれらの形
式を原因に還元しようと試みることができるためには，それ
らを純粋な永続性において理解しておかねばならない。それ

2 自然科学と人文学の断絶

ゆえ因果概念の正当性はいかなる仕方においても否定された
り萎縮されたりすることはないが，それは或る他の認識の要
求がそれに対して立ち現れる際には制限される。それによっ
てふたたび方法論的な抗争や衝突が新たに勃発する。それ
は19世紀の哲学で完全に先鋭化した。ところがついに「史
的唯物論」の世界観において判決が下され，最終的な判定が
言い渡されたようである。それは出来事の新たな基層にまで
突き進んだが，この基層は文化の構築物を厳密な因果的考察
という一撃をもって征服し，これによって初めてそれを本当
に理解可能にするように思われた。これらの構築物はそれら
に固有な権利においてあるのではなく，むしろそれらは或る
他の，いっそう深い基礎に支えられた「上部構造」に過ぎな
い。わたしたちがこの基礎に到達するならば，つまりわたし
たちが経済の現象と傾向をあらゆる出来事の本来的な原動力
として認めるならば，それによってすべての見かけ上での二
元論が解消され，統一が回復されるであろう。

　人文学がこの結論に異議を唱えようとしたとき，それは自
分自身が或る困難な課題の前に立たされることが分かった。
人文学は数学，力学，物理学，そして化学にいったい何を対
向させることができるのか。それらの攻撃のすべては，数学
的 - 自然科学的方法という鉄の鎧によってはね返されざるを
得なかったのではないか。人文学が漠然とした感覚的な要求
に，つまり単なる「気まぐれ」に支えられざるを得なかった
頃には，自分の側には否定することのできない明晰ではっき
りとした概念の論理は存在しなかったのであろうか。実際の
ところ人文学はそれに他の側面からの予期せぬ助力が与えら
れなかったとしたら，それはほとんど戦うことができなった
であろう。自然科学がそのようなものとして「機械論的世界

第4論考　形式の問題と因果の問題

観」の土壌にしっかりと立っている限り，この世界観の絶対
的な支配権が打ち破られることはほとんどなかった。ところ
が，今やここで奇妙な発展が遂げられ，それは自然科学的認
識そのものの領域で，或る内的危機と最終的には「思考様式
の革命」[3]へと通じていた。20世紀の初頭以降，それはすべ
ての領域でますます明瞭に現れてきた。それは次第に物理
学，生物学，そして心理学を捕えていった。この変容もまた
形相概念から生じてきたのではあるが，それはもはやこの概
念をアリストテレス的な古い意味で理解するのではない。そ
の区別を手短に述べるならば，アリストテレスの形相概念か
ら全体性の要素は保たれているが，目的に適った活動のそれ
は保たれていないということである。アリストテレスの態度
は「擬人論的」であった。彼は人間の目的に適った行為から
出発し，自然全体のなかにそれを看取した。建築家が家を建
てるとき，その〔家の〕全体像は個々の部分に先立つ。なぜ
なら設計や構想といった家の形象に関するイメージは，個々
の施工に先行するからである。ここからアリストテレスは，
そのような優先権が認められるところでは目的に適った行為
が予想されるに違いないという結論を引き出す。そして彼は
この結論の前提条件が自然の生成の至るところで確認され
ているのを見出す。なぜならすべての生成は有機的な生成，
「可能性」から「現実性」への移行であり，それ自身を諸々
の部分へと広げるために統一性と全体性として成り立つ根源
的な素質の展開だからである。数学的自然科学はこの擬人論
を明確に否認し，二度とそれに戻らなかった。ところがこれ
によって目的設定や目的遂行の力としての全体が崩れたとし
ても，それでも全体性のカテゴリーが崩れることはなかっ
た。力学はこのカテゴリーを放棄した。それはただ分析的に

140

2 自然科学と人文学の断絶

進んでいき，或る全体の運動が理解され得るとすれば，それが究極的な素粒子の運動へと分解され，まったくそれに還元されることに成功するときであると説明した。ラグランジュの『解析力学』はこの計画を遂行したもっとも見事な試みである。そしてそこから，「ラプラスの精神」という理想——もしもそれがすべての個々の質点（Massen Punkt）が与えられる時点での位置と，これらの質点の運動法則が知られていると，世界の出来事の全体を前方にも後方にも見通すことができる——が哲学的な観点においては内的必然性をもって現れた。ところが古典物理学と量子力学はそれらの発展の経過において，このような手法によっては克服することのできない問題に導かれた。それらは，すべての全体が「その部分の総計」として捉えられねばならないという前提をますます問題的にした，自分たちの概念装置の改造を決意しなければならなかった。電磁場に関するファラデーとマクスウェルの考えがここでは最初の決定的な転換点となっている。ヘルマン・ワイルはその著作『物質とはなにか』において，現代の「場の理論」による古めかしい「実体理論」の置換を詳細に叙述した。彼は両者の間における本来的で，認識論的に重要な区別を，場はもはや単なる総計的な全体としては，つまり諸々の部分から成る集合体としては理解されないという点に見出した。場とは事物の概念ではなく，むしろ関係の概念である。それは断片から構成されているのではなく，むしろそれは力線（Kraftlinnie）の体系であり，総体である。

　　場の理論にとって電子のような物質の粒子は単に電磁場の小さな領域に過ぎず，そのなかでは場の強さが法外に高い役目を引き受ける。したがってそこでは小さな空

141

第4論考　形式の問題と因果の問題

間のなかに或る強烈な場の力が集中する。この世界像
はまったく連続体（kontinuum）のうちに留まっている。
電子や原子でさえ，自然の諸力の衝突によって小突き回
される究極的に不変な要素ではなく，それ自身は不断に
拡大しており，繊細で流動的な変化に服している[4]。

3　生物学における全体性の概念

このような全体性の概念への逆行は，物理学の発展におい
てよりも生物学の発展においていっそう明瞭で特徴的に現れ
る。ここで時として物理学は，根源的なアリストテレスの意
味でこの概念の完全な復権が成し遂げられたように思われる
ほど前進している。確かに一見したところ生気論の運動は注
目すべきアリストテレス復興に他ならず，それは少なくとも
生物に関する科学をその原初の形にまで差し戻したようで
ある。〔ドイツの生物学者ハンス・〕ドリーシュのエンテレ
ヒーという概念は内容においても名称においても直接的にア
リストテレスの〔エンテレケイア（完全実現態）の〕概念に
結びついている。しかしながら，もしわたしたちが過去の数
十年における生物学的思考の運動全体を辿るならば，次のこ
とが分かるであろう。すなわち，そこにおいてもまた，アリ
ストテレスの形相概念へのあらゆる接近にもかかわらず，そ
の概念そのものの内実にはわたしたちが物理学的思考におい
て看取できるものと類似した区分や分割が生じているという
ことである。全体性のカテゴリーはもはや単に目的概念のそ
れと一致するのではなく，むしろそれから自分自身を明確に
分離し始める。生気論の運動の原初においては，依然として
形相の問題が原因の問題と無差別に合流している。これは，

3 生物学における全体性の概念

わたしたちが無機的世界の現象において出会うのとは異なる種類の原因性に訴えかけることによってのみ，これらの諸問題を正当に評価できると信じる結果となる。生物学的な世界における特定の形式 - 特徴の復元と再生，保持と回復が示されると，わたしたちはそこに機械論的なものとは異なり，そしてそれらに優っているはずの諸力を推論する。ドリーシュは復元と再生という現象を，生命力の概念を刷新するために用いている。彼にとって魂は再び「自然の根本的な要素」となる。それは空間的な世界に属すものではないが，この世界のなかへ働きかける。エンテレヒーはいかなる強度の相違も生み出すことはできないが，そのような強度の相違が存在するところでは，それらの相違を「停止する」，つまり一時的にそれらの効果を妨げる能力をもっている。このような方法で，ドリーシュは彼の基本的な見解をエネルギー保存の法則と一致させることができ，また「魂に類する」新たな力の導入によって自然における純粋に物理的な力のバランスが変更され得ないことを示すことができると信じていた[5]。ところが彼の学説は，それが根源的に拠り所とする経験的な基礎をただちに見失う純粋な形而上学理論であり，そうあり続ける。現代の生物学はこのドリーシュの方法には従わなかった。しかしながらそれと同様に，それは純粋な「生命の機械論」[6]にも立ち戻らなかった。それはさらに問題の純粋に方法論的な意義を顧みることによって，両極端を回避したのだった。それにとっては第一に，有機的な諸形態が機械論的な諸力によって説明され得るのかどうかという問題が重要なのではなく，むしろそれは純粋な因果概念によっては完全に叙述され得ないことを強調する。そして現代の生物学はこの証明のために「全体性」のカテゴリーに助力を求めたのだっ

143

第4論考　形式の問題と因果の問題

た。

　わたしたちはその問題の状況を，ルートヴィヒ・フォン・
ベルタランフィが与えた理論生物学に関する最近の要約的な
概説を用いて想起することができる[7]。ベルタランフィが強
調したのは，それぞれの自然科学において概念を明確化する
進歩が事実認識の進歩に劣らず不可欠なことである。そして
彼は概念の明確化でもっとも重要な進歩の一つを次の点に見
出す。すなわち，生物学は目的論的観察という道に押しやら
れたり，「目的因」の想定に惑わされたりすることなしに，
厳密に全体性の観察を行うことを学んだという点である。有
機的自然の現象はそのような原因を示すことはなく，それら
がわたしたちにドリーシュの意味での「エンテレヒー」やエ
ドゥアルト・フォン・ハルトマンの「上位の力」（Oberkräfte），
ラインケの意味での「支配力」を明示することはない。それ
らがわたしたちに示すもののすべては，有機物における出来
事は常に或る特定の方向性を保っているということだけであ
る。

　　　たしかにわたしたちは有機体のなかで移り変わる個々の
　　過程を物理的にも化学的にも記述することができる。し
　　かしながらこれによってそれは決して生の過程として特
　　徴づけられるのではない。すべてではないにしても圧倒
　　的多数の生の過程が，有機体全体の維持と復元に向けら
　　れるように秩序づけられていることが明らかになる…
　　…有機体における現象の大部分が「全体性維持的」およ
　　び「体系性維持的」であること，また，それが事実であ
　　るのか，そしてそれがどの程度まで事実であるのかを確
　　かめることが生物学の課題であることには，そもそも何

3 生物学における全体性の概念

ら疑いの余地はない。ところがある者たちは古い思考習慣にしたがってこの生の秩序性を「合目的性」と呼び、一つの器官あるいは機能がいかなる「目的」をもつのかを問うた。しかしながら「目的」の概念には、目標の意志や意図──当然のことながら自然研究者には共感できない考え方──が包含されているようであった。そして「合目的性」を単なる主観的で非科学的な考察方法と見なす試みがなされた。実際に全体性の考察方法は粗悪な定式化において「合目的性の考察」としてたびたび不当な扱いを受けてきた。最初はダーウィニズムがすべての器官とすべての特徴にとっての有用価値と選択価値を見つけ出そうとする努力のなかで、たびたび「合目的性」に関するまったく根拠のない仮説を立てた。その次は生気論によって、合目的性の考察は生命的な要素の支配への証明と見なされた。

しかしながらベルタランフィによるとこの不当な扱いは、全体性の考察が生物学の構造においてそれの正当な権利を与えられて不可欠な地位を占めていること、そしてそれが何ら他の方法によっては代替され得ないということをわたしたちが承認するのを妨げることはできないし、また、そのようにしてはならない。因果関係の知識もまた、決してその考察を押しのけたり、あるいは余計なものにしようとしたりすることはできない。「有機体の全体性維持を議論によって葬り去ろうとすることにはなんら意味がなく、むしろ正当な行為は第一にそれを研究し、第二にそれを説明することである」[8]。

第 4 論考　形式の問題と因果の問題

4　心理学における全体性の概念

　現代の心理学もまたそれと同じ発展過程を辿ること，また，物理学や生物学において示された傾向が，心理学において格別の明瞭さと簡潔さで明るみにでることは，ほとんど証明を必要としない。心理学は少なくともここで提出されている方法論的な問題には他の諸科学よりも早く気づいていたように思われる。ところが心理学もまた，直接的にはその問題を批判することができなかった。というのも，それ自身の過去が，つまり心理学の学問としての歴史全体がその途上にあったからである。経験科学としての心理学は自然研究の末裔にして側枝であった。心理学の最初の課題は，自然研究と同じようにスコラ学的概念の支配から自分自身を解放すること，そして精神生活における根本的事実を熟考することでなければならなかった。しかしながら精密科学において検査されたもののほかに，このような根本的事実に通じる道は何もないように思われた。それゆえ心理学の方法論はそれの最初の学問的創始者たちの許では至るところで物理学のそれにならって作られている。ホッブズは意識的にガリレオの「分離と合成」の手法を物理学の領域から心理学の領域へ転用しようと努めている。18 世紀におけるコンディヤックの野心は，あらゆる複雑な現象を或る単純な根本現象に還元するというニュートンと同じ手法を用いて，「心理学のニュートン」になることであった[9]。この原初的な現象が見出されるならば，意識のさまざまな内容だけでなく，すべての外見上での活動そのものが，つまりすべての意識の作用および過程がそこからすべて導き出される[10]。こうして心理学は元素心理

146

学（Elementarpsychologie）となり，量子力学はそれが讃嘆すべき模範であり，そうあり続けている。天文学が宇宙の根本法則を，単なる量子の運動に妥当する法則を研究することによって見出したように，心理学はすべての精神生活を感覚の原子とそれらの結合から，「知覚」と「連合」から導出しなければならなかった。意識の実在はその生成からのみ説明され得るのであり，そしてこの生成とは結局のところ，いっそう複雑な構造物へと向かう同質の部分の組み合わせに他ならず，また，それ以上に難解なものでもない。現代の心理学的探究がどのような方法で，またどのような手段でこうした見解を克服したのかはよく知られている。それはここで純粋な生成に関する諸問題をただ断念しただけでなく，それらに新たな意義を与えたのだった。ところがそれはもはや，これらの問題が心理学にとって唯一の対象を成しているとか，それらによって心理学の内実が汲みつくされ得るとは信じていない。因果の概念に，指導的原理としての構造の概念が対峙してくる。構造というものは，わたしたちがそれを単なる集合体に，つまり「〔要素と要素の〕併存的結合」（Und-verbindung）に解消しようとすると，理解されずにむしろ破壊される。したがってここでもまた「全体性」の概念はその正当な地位に据えられ，その根本的な意義が認められている。そして元素心理学は形態心理学となったのである。

5　人文学の形式としての「シンボル形式」

　しかしながらわたしたちがこのような物理学，生物学，そして心理学の方法論的改造をここで示したのは，ただそれがどの程度まで人文学の形態に新たな観点をもたらすのかとい

第4論考　形式の問題と因果の問題

う問いに結びつけるためである。いまやこの問いはいっそう鋭く理解され，いっそう確実に答えられる。全体性の概念と構造の概念の承認は，人文学と自然科学の間における相違を消し去ったり，あるいは削除したりはしない。ところがそれは，これまで両者の間に存続していた分離の遮断機を取り除く。その他の学問領域がそれ自身に固有な形相問題に留意するようになると，人文学はそれまでよりも自由に，より公正にそれ自身の形式に，それ自身の構造と形態の研究に没頭することができる。いまや探究の論理がこれらすべての問題にそれぞれの場所を割り当てることができる。これからは形式の分析と因果の分析がお互いに対立し合うのではなく，むしろお互いを補完し合い，そしてすべての知識のなかで共に結び付けられざるを得ない方針として現れてくる。

　文化現象は自然現象よりもいっそう強く生成の領域に結びついて姿を現す。それらは生成の流れからはみ出ることができない。言語の歴史，芸術の歴史，そして宗教の歴史がわたしたちに教えるものに支えられることなしには，わたしたちは言語学，芸術学，そして宗教学を追求することができない。またわたしたちは「原因」と「結果」のカテゴリーがわたしたちに手渡すコンパスを信頼せずには，生成というこの外海にあえて飛び出すこともできない。諸々の現象は，わたしたちがそれらを確かな因果の連鎖によって共に結び付けることができないとすれば，それらはわたしたちには見通すことのできない雑踏であり続けるであろう。文化の生成の原因に向けて突き進もうとする衝動は非常に強力であり，それは容易に他のすべてのものを覆い隠してしまうほどである。それでも生成の分析と因果的説明がすべてではない。それは文化的な出来事についての観察の或る一つの次元に過ぎず，他

148

5 人文学の形式としての「シンボル形式」

の諸次元もそれと同等の権利をもち，それと同等の自立性を
もって対峙している。文化の本来的な奥深い像は，わたした
ちがこれらすべての次元を区別し，次いでこの区別によっ
て，またこの区別にもとづいて，それらをもう一度正当な仕
方で共に結びつけるときに初めてわたしたちにとって明らか
になるのである。わたしたちがここで強調することができ，
そして注意深く区別しなければならない三つの要素がある。
主として原因と結果のカテゴリーに依拠する生成の分析は，
文化的形象に関するすべての考察において，業績の分析と形
式の分析に向き合っている。業績の分析は本来の支えとなる
べき基層を形成する。なぜならわたしたちが文化の歴史を叙
述するよりも前に，またわたしたちが個別的な現象の因果関
係の観念を形成できるよりも前に，わたしたちは言語，芸
術，宗教の業績についての概観をもっていなければならない
からである。そしてわたしたちはそれらを眼前に横たわる単
なる原材料としてもっているというだけでは十分ではない。
わたしたちはそれらの意味に浸透していなければならず，わ
たしたちはそれらがわたしたちに語るものを理解しなければ
ならない。この理解には或る特有な解釈の方法が，つまり自
立的で最高度に難解で複雑な「解釈学」が含まれている。こ
の解釈学にもとづいて薄暗いものが照らされるときに，特定
の根本形態が文化の記念碑において徐々に明瞭さを増して際
立ってくるときに，それらの形態が特定の部類へとつなぎ合
わされるときに，そしてわたしたちがこの部類のなかに特定
の関係と秩序を発見することができるときに，新たな二重の
課題が始まるのである。一般的に考察するならば，それぞれ
個々の文化的形式の「何」を，つまり言語，宗教，芸術
の「本質」を規定することが肝要である。それらのそれぞれ

149

第4論考 形式の問題と因果の問題

が何「である」のか，何を意味するのか，そしてそれらはいかなる機能をもつのか。また，言語と神話，芸術と宗教はお互いにいかなる関係にあるのか，それらを区別するものは何か，そしてそれらを相互に結び付けているものは何か。ここでわたしたちは文化の「理論」に到達するが，その理論はつまるところ「シンボル形式の哲学」にその結論を求めねばならない——たとえこの結論がただ漸近的に近づき得る「無限に遠い点」のように思われるとしても，である。形式分析からのさらなる一歩が振る舞い（Verfahren）に通じていて，わたしたちはそれを行為分析として特徴づけることができる。ここでわたしたちは形成物，つまり文化の業績を問うのでなければ——それと同様にそれらがわたしたちに提示する一般的な形式を問うのでもない。わたしたちが問うのは，文化的業績がそれに由来し，そしてそれに関して客観的表現を作り上げる心的な過程である。わたしたちは人間言語の使用において明瞭に示される「シンボル意識」の特性を研究し，芸術，神話，宗教がもとづく表象，知覚，幻想，そして信仰の仕方と方向を問うのである。これらの考察方法のそれぞれはそれに固有な権利と必然性をもっており，論理的にみればそれぞれが特殊な道具を操り，そしてとりわけそれに属しているカテゴリーを用いているのである。

6 言語の起源に関する問い

人文学と文化哲学の領域において何度も繰り返し生じてきた境界変動や境界紛争を免れるためには，わたしたちはこれらのことすべてを明確にし，常に念頭に置いておかなければならない。言語の起源に関する問い，あるいは神話，芸

150

6 言語の起源に関する問い

術，宗教の起源に関する問いは，このことにとってのもっと
もよく知られた例の一つを提供している。それは，わたした
ちがいわば因果の問いという梃子を誤った場所に差し込んで
いるという事実から生じてくる。その問いは特定の形式の内
側で現象に向けられるかわりに，この形式そのものに，つま
り或る閉鎖的な全体に向けられている。ところが原因と結果
のカテゴリーは，それにふさわしい領域においては不可欠で
有益であるが，ここではわたしたちを置き去りにしてしま
う。それが与えることを約束する解決をいっそう詳細に検討
すると，同語反復あるいは循環論法であることが明らかにな
る。言語学と言語哲学は何度も繰り返し言語の起源という暗
闇に光を当てるように試みてきた。ところがわたしたちがそ
の両者が確立したさまざまな理論を概観すると，それらがな
んら歩みを進めてはいないという印象を受ける。わたしたち
が言語を何らかの因果的媒介を通して自然から発生してくる
ものにしようしたとき，それはただちに言語を特定の自然現
象と結びつけることの他にはあり得なかった。それが精神的
な過程として示されるよりも前には，有機的な過程として提
示されざるを得なかった。このような考察が行き着く先は，
わたしたちが真の言語の起源としての純粋な感情的音声に遡
るということであった。なぜなら感情の叫び，つまり苦痛や
恐怖の声，誘惑や警戒の鳴き声は動物世界の大部分に広がっ
ているように思われるからである。ここでは一つの橋を架け
ることに成功するとき，つまりもしも感嘆詞こそが言語の真
の発端にして「原理」であると提示することに成功するなら
ば，その問題は解決されるように思われた。ところが，ただ
ちにこの望みは誤りであったことが判明する。なぜならここ
では，まさにその問題のもっとも重要な側面が見落とされて

151

第4論考　形式の問題と因果の問題

いるからである。いかにして叫び声が「言葉」になるのか，いかにしてそれが対象的に〔何ものかを〕指し示すことができるのかは依然として解明されないままである。そこで音声の模倣を拠りどころとして，模倣のなかに人間の語る言葉にとっての最初の源泉を見出した第二の理論が登場した。しかしながらそれもまた，すべての発語にとっての根本現象に関しては，つまり文という現象に関しては挫折した。文を単なる語の集合体として説明することに成功しないうちは，人が或る文をそれに固有な「接合」という観点で見ればすぐに，それの本性にこの接合と一致するような形成物は何もないことが証明された。言語の「原始的な」状態への回帰もまた，ここではわたしたちに進むべき道を指し示すことはできない。なぜならどれほど原始的であろうとも，すべての言語現象は「意味付与」と「意志表示」の機能をそれ自身のうちに含んでいるがゆえに，それらはすでに自分自身のうちに言語の全体を包含しているからである。

　このことから，ここには因果的理解に或る確実な境界線が引かれているということ，そしてその理由がただちに明らかになろう。言語の機能は——芸術，宗教などのそれと同様に——ゲーテの意味における「原現象」（Urphänomen）であり，そうあり続ける。言語の機能はそれに関して何らかの説明が与えられなくとも，「発生し，かつ，ある」。かつてゲーテはエッカーマンに次のように語った。

　　人間が到達できる最高のものは，驚異を感じるということだよ。原現象に出会って驚いたら，そのことに満足すべきだね。それ以上高望みをしても，人間に叶えられることではないから，それより奥深く探求してみたところ

で，なんにもならない。そこに限界があるのさ。しかし，人間はある原現象を見ただけではなかなか満足しないもので，まだもっと奥へ進めるに違いない，と考える。ちょうど子供みたいに，鏡を覗きこむと，その裏側になにがあるのかとすぐ裏返してみようとするようなものだ[11]。

7　哲学における「懐疑」：構造の問題と因果の問題

ところが——これに対して次のような異論が唱えられる——この〔鏡を〕裏返す行為こそ，ことによると哲学にとっての本来的な課題ではないのか，それは芸術のように単なる直観や現象のもとに立ち止まり続けることができるものではなく，むしろその代りに現象世界の根底としての理念へと突き進もうとするのではないだろうか。この視点の転換こそまさにプラトンが要求し，彼が『国家』において洞窟の比喩をもって含蓄的で特徴的に叙述したものではなかったのか。もしもこれほどまでに重要で決定的な問題に関して，哲学と科学が理由を問うことを禁じられているとしたら，それらは懐疑に委ねられはしないのか。それらはいつか，〔すべての出来事に必ず理由があるとする〕「充足理由律」を放棄することができるであろうか。このような放棄は実際には必要ではない。ところが，もちろんわたしたちは懐疑もまたその正当な権利をもっていることを理解しなければならない。懐疑とは知識の否認や，あるいは破棄だけではない。哲学こそがこのことの証明として用いられ得る。哲学においては無知がどれほど重要で不可欠な役割を演じてきたか，また，いかに知識が無知によって初めて見出され，絶えず刷新されてきたの

第4論考　形式の問題と因果の問題

かをありありと思い浮かべるためには，人は哲学にとって
もっとも重要でもっとも実り多い時代について考えるだけで
よい。ソクラテスの無知の知，ニコラウス・クザーヌスの
「学識ある無知」（*docta ignorantia*），そしてデカルトの懐疑
は哲学的認識にとってもっとも重要な手段の一つである。或
る知識を断念することは，人が外見上での解決に満足するこ
とによって問題から眼を背けることよりもましである。すべ
ての真正な懐疑は相対的な懐疑である。それは解決可能な問
いの領域にいっそうわたしたちの注意を向けさせ，それらを
いっそう確実に留めておくために，特定の問いが解決不可能
であると説明する。このことは，わたしたちの問題に関して
も真実であることが明らかになる。なぜならここでわたした
ちに要求されていることは，わたしたちが「なぜ」に関する
問いを断念するということではなく，むしろその問いをそれ
に相応しい地位で用いるということだからである。ここでわ
たしたちに明らかになることは——そして根本においてはす
でに物理学，生物学，そして心理学がわたしたちに教えてい
ることは，わたしたちは構造の問題を因果の問題と混同して
はならないということ，そしてその一方を他方へと還元する
ことはできないということである。両者はそれぞれに相対的
な権利をもっており，それぞれが必要で不可欠である。とこ
ろがそのどちらも他方の代わりをすることができない。わた
したちがひとたび言語の「本質」を形相分析とその手法を用
いて規定したならば，わたしたちは因果的認識によって——
言語の心理学と言語の歴史学によって——この本質がいかに
変形し，発展するのかを見出すべく試みなければならない。
それによってわたしたちは純粋な生成に身を浸すことになる
が，この生成もまた特定の存在の内側に，つまり言語一般の

154

「形式」の内側に残されている。それはプラトンが言う「存在への生成」，$\gamma\acute{\varepsilon}\nu\varepsilon\sigma\iota\varsigma$ $\varepsilon\acute{\iota}\varsigma$ $o\acute{\upsilon}\sigma\acute{\iota}\alpha\nu$[12]である。それゆえ形相概念と因果概念がお互いから離別するのは，それらが再びより確実にお互いを発見し合い，いっそう緊密に結び付き合うためである。それらの間での協働が経験的研究にとって実り豊かになり得るとすれば，それらのそれぞれが固有の権利と独自性を主張するときだけであろう。

8 「飛躍」としての人間文化

　ひとたびこのことが明らかにされ，シンボル機能の成立に関する問いが科学的な手法によっては解決され得ないことが承認されるならば，それが単なる不可知論であるとは，つまりそれはわたしたちが骨折って奮闘しなければならない知的な犠牲であるとは思われないであろう。それが意味することは，ここでわたしたちが知識の絶対的な限界に立っているというのではなく，むしろすべての知識が発生の認識に還元されるわけではないということ，発生の認識と並んでもう一つの認識形式が存在し，それは発生にではなく純粋な持続に関わるものであるということである。難問が最初に生じるのは，人が原因と結果の概念こそが認識における唯一の道標であり，その概念がわたしたちを見捨てるところでは暗闇と無知のみが存在すると想定するときである。わたしたちが見てきたように，ホッブズはすでにこの「公理」（Axiom）を哲学という概念規定のうちに取り入れていた[13]。しかしながらここで認識の原理として立てられているものは，本当は論点先取〔の誤謬〕（petition principii）に他ならない。ところが本来的な論点を構成するものと，もっとも多く証明を必要と

第4論考　形式の問題と因果の問題

するものがそれによって論証されたと想定されている。そしてそれは，因果の概念によって規定され，支配される次元——そのなかには何らかの「知る」べきものがある——の外側にはいかなる平面も存在しないという前提から出発している。この認識の多次元性の受容を何度も繰り返し阻害し停滞させたものは，それによって発展の原理が崩れ去るように思われた事実である。なぜなら実際には，連続した継承のなかで一つの次元から他の次元へと移っていく「発展」などないからである。わたしたちは何らかの点でいっそう詳しい説明がなされることなくただ確認されるだけの，一般的な区別を認めなければならない。今日のわたしたちにとっては確かにこの問題もまたその多くの鋭敏さを失っている。なぜなら通常わたしたちは，もはや生物学においてでさえ進化の理論を単なる偶然的な変化の蓄積によってそれぞれの新しい形態が古い形態から生じるという意味で理解するのではないからである。ダーウィンの学説は，恒常性の原理のためにこのような解釈を行おうとしたが，おそらくそれはもはやいかなる生物学者によっても独断論的ダーウィニズムがそれに与えた刻印のままには支持されないであろう。それによって「自然は飛躍せず」（*natura non facti saltus*）という命題は極めて本質的な制限を受けることになった。それの問題点は物理学の領域では量子論によって，生物学の領域では突然変異論によって明るみに出された。もしもそのなかで問題とされていることがすでに与えられているものや現存するものの単なる「展開」であって，そのため古い前成説や開展説の意味で結局はすべてのものがなおも「古いものに留まる」ということをわたしたちが想定しなければならなかったならば，「発達」は有機的生命の円環においても根本的に空虚な言葉であり続け

156

8 「飛躍」としての人間文化

たであろう。わたしたちはここでもまた何らかの場所で，或る「飛躍」によってのみ到達し得る新しいものを認めなければならない。ユーゴー・ド・フリースは彼の学説を次のように叙述している。

わたしは有機体の特性が相互に鋭く区別された統一性から構築されるという命題を突然変異論と定義する……この原理は進化論の領域において種というものが流動的ではなく，むしろ段階的にお互いから生じてくるという確信にまで至る。古いものに付け加えられるすべての新しい統一性が一つの段階を構築し，そしてそれが生じてきた〔元の〕形式からは独立した一つの種としてその新しい種を鋭く完全に分離する。それゆえその新しい種は突然そこに現れるのであって，目に見える準備や移行なしにそれ以前のものから生じてくる[14]。

　そのためこの観点においては自然から「文化」への移行はわたしたちに何ら新たな難問を課してはいない。それが唯一確かめることは，すでに自然観察がわたしたちに教えているように，あらゆる真の発達は常に根本においてわたしたちがそれを提示することはできるものの，それ以上には因果的に説明することのできない μετάβασις εἰς ἄλλο γένος〔他の類への移行〕だということである。ここでは経験と思考，経験的知識と哲学が同じ位置にある。なぜならその両者は現象のなかでそれを示すことを除いては，人間「そのもの」を規定することができないからである。それらが唯一人間の「本質」に関する認識を得ることができるのは，それらが文化のなかに，また，人間文化という鏡のなかに人間を見出すこと

第4論考　形式の問題と因果の問題

によってのみであり，ところがそれらは，その背後に横たわるものを見ようとしてこの鏡を裏返すことはできないのである。

第 5 論考
「文化の悲劇」について

1　人間文化の正当性：ルソーからカントへ

　ヘーゲルは世界史とは幸福の足跡ではなく，歴史書におい
て平和で幸福な時代は空白のページであると述べた。彼は
「歴史においてあらゆる物事は理性的に生ずる」という彼自
身の根本理念がこのことによっては決して論駁されないと考
え，むしろこの命題のなかにそのことの証明と保証を見た。
ところが，もしも世界史における理念の勝利があらゆる人間
的幸福の放棄によって手に入れるしかないとすれば，それは
いったい何を意味するであろうか。そのような〔歴史の〕神
義論はほとんど嘲弄の的のように思われはしないのか。ま
た，ショーペンハウアーがヘーゲルの「楽天主義」は不合理
であるばかりか卑劣な思考様式でもあると明言したとき，彼
は正しかったのであろうか。とりわけもっとも豊かでもっと
も輝かしい文化の時代に，こうした類の問いが何度も繰り返
し人間精神に突き付けられてきた。人は文化というものが，
〔彼らを〕豊かにするものではなくむしろ〔人間的〕現存在
の本来の目標からますます遠ざける疎外であるように感じて
いた。ルソーは啓蒙時代の直中に「芸術と科学」に対して激
しい悪口雑言を加えた。それらは人間を人倫的な観点では神

159

第 5 論考 「文化の悲劇」について

経を摩耗させて衰弱させ，物理的な観点では人間の必要を充
足させるよりもむしろ幾千もの満たされ得ない衝動を彼のな
かに引き起こした。もしもわたしたちが永遠に〔底に穴のあ
いた〕ダナイスの桶で水をすくうという有罪判決を言い渡さ
れるべきではないとすれば，文化の価値はわたしたちが放棄
しなければならない幻影である。ルソーはこのような告発を
もって 18 世紀の合理主義をその根底から揺さぶった。彼が
カントに及ぼした深い影響がここにある。カントは自分自身
がルソーによって単なる主知主義から解放され，新たな道が
示されるのを目の当たりにした。彼はもはや，知的な文化の
進歩や改良が実在の難問を解決し，人間社会の損失を回復で
きるとは信じていない。単なる理性的文化は人間存在のもっ
とも崇高な価値を基礎づけることができず，それは他の諸力
によって統制され，制御されねばならない。ところが精神的
なものと人倫的なものの均衡が成し遂げられるとしても，つ
まり理論理性に対する実践理性の優位が確保されるとして
も，それによって人間の幸福追求が満たされ得るという希望
は空虚なままであろう。カントは「神義論におけるあらゆる
哲学的試みの失敗」を深く確信していた。それゆえ彼にとっ
ては，彼が自分自身の倫理学の基礎づけにおいて試みた快楽
主義の徹底した排斥の他には何らそれの解決が残されていな
い。もしも幸福感（Glückseligkeit）が人間的営為の本来的
な目標であるとすれば，それによって文化はきっぱりと方向
付けられるであろう。文化の正当性は，わたしたちが他の価
値の尺度を採用することによってのみ認められる。真の価値
は人間が自然や摂理の賜物として受け取る財のうちにあるの
ではない。真の価値はただ人間に固有な行為のなかに，そし
て彼がこの行為を通して成るもののなかにだけある。これに

160

よってカントはルソーと同じ結論を引き出すことなくその前提を受容する。「自然に帰れ」というルソーの呼びかけは人間に幸福を返還し、確実にすることができたが、同時にそれによって人間は彼の本来的な使命から疎外された。なぜならこの使命は感覚的なもののうちにではなく、叡知的なもののうちにあるからである。幸福感ではなく「幸福に値するもの」こそ、文化が人間に約束し、人間に与えることのできる唯一のものである。〔それゆえカントにとって〕文化の目標は地上で幸福を実現することではなく、真の自律という自由の実現であり、それは人間による自然の技術的な支配ではなく、むしろ人間による自分自身の道徳的支配を意味している。

2 文化における自我の無力：ゲオルク・ジンメル

それによってカントは神義論の問題を形而上学的な問題から純粋に倫理学的な問題に変形させ、この変更によってそれを批判的に解決したと考えている。しかしながら文化の価値に対して向けられ得るすべての疑いがそれによって取り除かれるわけではない。というのも、ここで文化に与えられる新たな目標に目を向けると、それとは別のいっそう深い対立が生じるように思われるからである。文化は実際にこの目標に到達することができるのか。人間が文化のなかで、また文化を通して人間に固有な「叡知的」本質の実現を見出し得るということ、また、人間はここで確かにすべての願望が満たされはしないが、それでもすべての彼の精神的な力と素質の成長に到達するということは確かであろうか。このことが真実であり得るとすれば、それは人が個人の限界を飛び越えるこ

161

第5論考 「文化の悲劇」について

とができるとき，つまり人が〔ゲーテのファウストが願った
ように〕自分自身の自我を人類の全体にまで拡大することが
できるときだけであろう。しかしながらまさにこの試みにお
いて人間は自分の限界をいっそう明瞭かつ痛切に感じること
になる。なぜならここにもまた，自我の自発性と純粋な自律
性を増大させ上昇させるのではなく，それらを脅かし抑えつ
ける要素が存在するからである。人が問題のこの側面に沈潜
するときに，それは初めてそのまったき鋭さに達する。ゲオ
ルク・ジンメルは「文化の概念と文化の悲劇」という表題を
付した論考において，その問いを完全な明確さをもって叙述
した。ところが彼は，その問いの解決には絶望してしまう。
彼によると哲学は対立を提示することができるだけであっ
て，その問題からの最終的な打開策を約束するものではな
い。なぜなら反省というものは，それがいっそう深く入り込
むのに応じて，ますます文化的意識の弁証法的構造をわたし
たちに示すようになるからである。文化の進歩は常に新しい
賜物とともに人類にもたらされるが，個々の主観は自分自身
がそれの享受からは排除されているのが分かる。自我が決し
て自分自身の生きた所有物にできない富など，いったい何の
役に立つだろうか。自我はその富によって解放されるのでは
なく，重荷を背負わされるだけではないのか。そうした考察
において初めて文化の悲観主義がもっとも鋭く，そしてもっ
ともラディカルな形でわたしたちに立ち向かってくる。なぜ
なら今やこの悲観主義は，そのもっとも傷つきやすい箇所に
遭遇しているからである。それはいかなる精神的な発達に
よってもそれからわたしたちを解放することのできない或る
欠陥を指摘する。というのも，その欠陥はまさにこの精神的
発達そのものの本質に横たわっているからである。その発達

162

2 文化における自我の無力

が生み出す財は絶えず総数としては増大するが，まさにこの増大においてそれはわたしたちにとって有用なものとなるのをやめる。その財は単に客観的なものに，つまり，もはや自我によって捉えたり抱いたりできない事物的な存在と事物的な所与となる。自我はそれらの多様性と絶え間なく増加する重みの下で窒息する。自我は文化からもはや自分の力の意識ではなく，精神的無力の確実性だけをつくり出すのである。

　ジンメルはこの「文化の悲劇」にとっての真の根拠を，文化がわたしたちに約束する見かけ上での内面化が常に一種の自己疎外を伴うという事実のうちに見ている。「魂」と「世界」の間には，最終的には完全な対立関係になると脅かす不断の緊張関係が成り立っている。人間はそれによって自分の魂を損なうことなしには精神世界を手に入れることができない。精神的な生活は絶えざる進歩のうちにあり，魂的な生活は自己自身へのいっそう深い回帰のうちにある。それゆえ「客観的精神」の目標と方法は，主観的生活のそれらと決して同一ではない。個々の魂にとっては，もはやそれ自身で満たすことのできないものはすべて硬い殻とならざるを得ない。この殻がいっそう緊密にそれらの魂を取り囲むにつれて，それはますます容易には破られなくなる。

　　震え，憩わず，果てなきところへ発展してゆく，何らかの意味で創造的な魂の生に対して，生気を固定し，さらには凝固させる不気味な反作用をもった，堅固で理念的に不動な魂の作品が対立している。それはしばしば，あたかも産出する魂の感動が魂自身の作品によって死んでしまうかのようである……非人格的な形成物と連関の論理に動力が付与されることによって，非人格的な形成物

163

第 5 論考　「文化の悲劇」について

と人格の内的衝動や規範との間に，文化そのものの形式において独特に圧縮された激しい摩擦が生じる。人間が自分自身に対して我と言い，人間が自分自身にとって，自分自身を越え，かつ，対抗する客観となって以来，つまりわたしたちの魂のこの形式によって魂の諸内容が一つの中心に属すようになって以来——それ以来，このように中心と結合したものが同時にそれ自体として完結し，それゆえに自足的な全体を成す統一でもあってほしいという理想が，この形式から魂に生じてこざるを得なくなった。それにもかかわらず，自我が独自の統一した世界へと組織化すべき諸内容は，自我だけに属しているのではない。それらは何らかの空間的，時間的，理念的な外部から自我に与えられており，それらは同時に何らかの別の世界，すなわち社会的世界や形而上的世界，概念的世界や倫理的世界の諸内容である。そしてそのなかでこれらの諸内容は，自我の形式と関連に一致することを拒む形式と関連をそれらの間で所有している……これが真の文化の悲劇である。というのも，わたしたちが悲劇的な運命と呼ぶものは——悲しい運命や外から破壊する運命とは異なり——或る存在に向けられた破壊的な力が，他ならぬこの存在そのものの最深の層から発生しているということ，また，その存在の破壊によってそれ自身のなかに潜在していた運命が，つまり存在がそれ自身の肯定的実在性（Positivität）を確立する手段とした構造の，いわば論理的展開に他ならない運命が実現するということである[1]。

164

3 文化の神秘主義

　すべての人間文化が心を痛める苦悩は，ルソーの描写において よりもこのような叙述においてはいっそう深く，そして望みがないように思われる。というのもここではルソーが追求し，要求した帰路も閉ざされているからである。ジンメルは何らかの点で文化の歩みを阻もうとするのではない。彼は歴史の車輪が転覆させられないことを知っている。しかしながら同時に彼は，等しく必然的で同等の権利を有する二つの極の間での緊張がそれによっていっそう先鋭化すること，また，それによって人間が結局は不吉な二元論に委ねられざるを得ないと信じている。一方では魂の生命的および創造的過程の間に，他方では内実と産物の間に存立している深刻な異質性と敵対性は，いかなる均衡や和解も許さない。この過程がそれ自身のうちでますます豊かで強烈になるにつれて，また，それがいっそう広い内容の領域にまで及ぶにつれて，それらの異質性や敵対性はそれだけいっそう明確に感じられるようにならざるを得ない。ジンメルはここで懐疑主義者の言葉を語っているように思われるが，実際には彼は神秘主義者の言語を語っている。というのも神の本質を見出すために純粋に，かつ，専一的に自我の本質に沈潜することは，神秘主義にとっての密かな憧憬だからである。神秘主義は自我と神の間に横たわるものを，ただ〔両者の間を〕分離する遮断機として感じている。そしてこのことは物理的世界に劣らず精神世界にも妥当する。精神もまた，絶えず自分自身を放棄することによってのみ存立しているからである。神秘主義は絶え間なく新たな名称と新たな形象を作り出してはいるが，そ

第5論考 「文化の悲劇」について

れはこの創作において神的なものに接近するというよりも，むしろますますそれから遠ざかっていることを理解していない。神秘主義は文化というあらゆる表象世界を否定せざるを得ず，それは「名称と形象」から解放されねばならない。それはわたしたちにすべてのシンボルを放棄し，打ち砕くことを要求する。それはわたしたちがこれによって神的なものの本質を認識することができるという望みをもって行うのではない。神秘主義者が知っており，また彼がそれによって深く満たされていることは，あらゆる認識は常にシンボルの領域においてのみ可能であるということである。ところが彼はそれとは相違するいっそう高い目標に身を置いている。彼は自我に，神的なものを概念的に捉え，摑もうとする無謀な試みをする代わりに，その神的なものと溶け合い，一体となることを望んでいる。あらゆる多数性は錯誤である——それが事物の多数性か，あるいは像や記号の多数性であるとしても同じである。

　しかし神秘主義はそのように語りながら，つまり個別的自我のすべての実在性（Substantialität）を放棄するように見えながらも，まさにこの実在性をある意味ではなお維持し，強めている。なぜならそれは，自我を即自的に規定されるものとして取り上げており，自我はこの規定において自分自身を保ち，世界のなかで自分自身を失ってはならないからである。しかしながらここで，わたしたちが神秘主義に対して最初に突きつけねばならない問いが生じる。わたしたちは以前の考察において，「自我」とはそれと同類の他の諸実在に自分を結び付け，それらと共に自分自身を規定しているような，根源的に与えられた実在として存立しているのではないことを明示すべく努めた。わたしたちはその関係を異なる仕

166

3 文化の神秘主義

方で捉えるように強いられるのを見た。わたしたちは我と汝
の間での区別が、「我」と「世界」の間での区別と同様に、
精神的生活の出発点ではなく目標点を成すということを見出
した。もしもわたしたちがこのことに固執するならば、わた
したちの問題は或る他の意義をもつことになる。というの
も、生命がさまざまな文化の形式において、つまり言語、宗
教、そして芸術でこうむる固定化は、その後に自我がそれに
固有な本性にしたがって要求せざるを得ないものの正反対を
成すのではなく、むしろそれは自我が自分自身をそれに固有
な本性において見出し、理解するための前提条件を成してい
るからである。ここではどれほど繊細な空間的形象によって
も適切に表現され得ない、最高度に複雑な関係が示されてい
る。わたしたちはいかにして自我がそれに固有な領域を「越
え出て」、それとは異なる領域へ移ることができるのかを問
うてはならない。わたしたちはこうしたすべての隠喩的表現
を避けねばならない。確かに認識問題の歴史においては主観
に対する客観の関係を特徴づけようとして、このような不完
全な説明が何度も繰り返し用いられてきた。客観が自我に
よって認識されるためにはそれ自身の或る部分を伴って自我
のなかへ入り込まねばならないことをわたしたちは認める。
古代の原子論における「偶像説」はこうした見解に根を下ろ
している。アリストテレスとスコラ学における「種の理論」
は質料的なものを精神的なものへ置き換えるためだけにそれ
を保持し続けている。ところがわたしたちが、ひとまずそう
した奇跡が起きること――つまり、このような仕方で「対
象」が「意識」のなかへと超えて移ってくることができると
想定するとしても、明らかに主要な問題が依然として解決さ
れないままであろう。というのも、いかにして対象のこの足

167

第 5 論考 「文化の悲劇」について

跡がそれ自身を自我に刻印することによって，その対象の足
跡として知られるようになるのかをわたしたちは知らないか
らである。その足跡が単純にそこに在ること（Dasein）と，
また，そのように在ること（Sosein）では，それが代表する
意味を説明するためには明らかに十分ではない。対象から主
観へのではなく，むしろ異なる主観の間での伝達が行われる
べきときに，このような困難は高まってくる。ここでもま
た，せいぜい同一の内容が「我」と「他者」のなかで単なる
複製として存立しているだけであろう。ところがこれと同じ
実在によって，いかにして汝によって我を，そして我によっ
て汝を知ることができるのか──つまり，いかにしてこの実
在が他のものに「由来している」と示すことができるのか
は，相変わらず不可解なままであろう。「表現」（Ausdruck）
の現象を説明するためには，単に受動的な「印象」（Eindruck）
では十分ではないことが，ここにでもいっそう高い次元で妥
当する。ここにすべての純粋な感覚論的理論にとっての主要
な弱みの一つがあり，それは或る理念を客観的な実在の模写
とすることによって理解したと信じている。或る主観が他の
主観にとって顕著になり，理解可能となるのは，それが他の
主観のなかへと移っていくことによってではなく，むしろそ
れが他の主観との能動的な関係に身を置くことによってであ
る。以前〔の考察で〕わたしたちに明らかになっていた，す
べての精神的な伝達（Mitteilung）の意味とは次のことであ
る。すなわち，自己伝達が求めるものは特定のプロセスにあ
る共同体であって，単なる生産の同一性からなる共同体では
ない，ということである。

168

4　人間文化の弁証法的特質：「汝」との出会い

　わたしたちがこのような考察から出発するならば，ジンメルによって提起された問題は新しい光のうちに移される。その問題は決してそのままの形で存続することを止めはしないが，その解決は今となっては或る他の方向において探求されねばならない。人が文化に対してもち得る疑いや異議は，その重要性を完全にもち続けている。わたしたちは文化が調和的に発展していく総体ではなく，むしろもっとも強烈な内的対立によって実現されていることを洞察し，承認しなければならない。文化は劇的であるように，「弁証法的」である。それは単なる出来事ではなく，穏やかな結末でもない。むしろそれは常に新たに始まり，そしてその目的が決して確実ではない一つの行為である。そのため文化は素朴な楽天主義や人間の「完全性」への独断的信頼に身を委ねることができない。文化が作り出したすべてのものは絶えず文化をひそかに壊してしまう恐れがある。したがって人が文化をその業績という光のなかでのみ考察する際には，それは常に何らかの不十分なものや何らかのひどく疑わしいものを留めたままであろう。真に生産的な精神は，それらの業績のなかにすべての情熱を吹き込むが，まさにこの情熱こそが常に新たな苦悩の源泉となる。ジンメルはこうしたドラマを物語ろうとした。ところが彼はそのドラマのなかに，いわばたった二つの役割だけを認めている。一方の側には生命が成立しており，またもう一方の側には本来的に客観的な価値に妥当する理念的なものの領域が成立している。両要素は決してお互いのなかへ解消されることはないし，また，相互にまったく浸透し合う

第 5 論考 「文化の悲劇」について

こともない。文化の過程がいっそう発展するにつれて，ますます創り出されたものがその創作者の敵であることが判明する。主観は彼の業績のうちで自己を実現できないだけでなく，むしろ最終的には彼自身が破綻をきたす恐れがある。なぜなら生命が本来的にそして内的に望むものが，それ自身の展開とあふれ出す充溢に他ならないからである。生命がこの内的充溢をはっきり示し，特定の形象において可視化することは，これらの形象が生命そのものにとっての障壁——この生命の展開が突き当り，生命そのものを砕く堤防——とならずには不可能である。

　　精神は無数の形成物を産出するが，この形成物はそれ自身を生んだ魂からも，それ自身を受け入れあるいは拒む他のそれぞれの魂からも独立して，それ特有の自立性のなかで実在しつづける。こうして主観は，法に対立するのと同様に芸術に対立し，科学に対立するのと同様に宗教に対立し，習俗に対立するのと同様に技術に対立する自分自身を知ることになる——主観は堅固さ，凝固したもの，持続的実在の形式であって，精神はこの形式を用いて客観となり，主観的な魂のあふれ出す活気や内的自己責任，そしてさまざまに変化する緊張に自分自身を対立させる。主観は，精神として〔他の〕精神にきわめて内面的に結びつけられているが，しかし他ならぬそのために，形式上でのこの深い対立のなかで無数の悲劇を，つまり休むことがなく時間的に有限な主観的生命と，ひとたび生み出されると不動であるが無時間的に妥当するその生命の内容との間での対立を経験する[2]。

170

4 人間文化の弁証法的特質

　これらの悲劇を否定したり，あるいは何らかの皮相的な慰めの手段でそれらを看過したりすることは無駄であろう。ところが，わたしたちがここで示される道を進み続け，終着点までそれを追跡すると，それは他の様相を手に入れる。というのも，この道の終着点にあるものは，創造的過程が永続する実在として凝結する業績ではなく，むしろ「汝」つまり他の主観である。そしてこの他の主観は，この業績を自分自身の生命のうちへ取り込み，それによってふたたびその業績がそこから元来起こる媒体に引き戻すためにそれを受容しているのである。ここに至ってようやく「文化の悲劇」にとっていかなる解決が有効であるのかが明らかになる。自我への「敵役」が現れない限り，その円環が閉じられることはない。なぜなら或る業績がそれ自身のうちで，また，それの中心点において，どれほど意義深く，どれほど内実が豊かで，どれほど確固たるものであろうとも，それは一つの通過点に過ぎず，また通過点であり続けるからである。それは自我が偶然出会う「絶対的なもの」ではなく，むしろ一つの自我の極から他の自我の極へと導く橋である。このなかに文化的業績に固有で，もっとも重要な機能が横たわっている。文化の生きた過程は，そのような媒介と架橋の創作では無尽蔵であることにこそ本質がある。わたしたちがこの過程をもっぱら，あるいはとりわけ個人という観点からみるならば，それは常に奇妙な二重の性格を保ち続けているであろう。芸術家，研究者，宗教の創始者——彼らのすべてが真に偉大な業績を成し遂げるのは，彼らが完全にその課題に献身し，彼らが自分自身の存在を忘れるときである。ところが既成の所産は，それがひとたび彼らの前に据えられるやいなや，決して単に実現されたものであるだけではなく，同時に失望でもある。その

171

第5論考 「文化の悲劇」について

所産は，最初の根源的直観を満たしていない。それが現に
立っている限られた現実は，この直観が理念的に含んでいた
可能性の豊かさと矛盾する。芸術家だけでなく，思想家もま
た何度も繰り返しこの欠陥を感じ取っていた。そしてまさに
もっとも偉大な思想家たちはほとんどいつも彼らが最終的に
最後で最深の思想を表現することを断念する点に到達するよ
うに思われる。プラトンは『第七書簡』において，思考が捉
えることのできる崇高なものは，もはや言葉では近づくこと
ができず，それは文書や学説による伝達を遠ざける，と説明
している。そのような判断は天才の心理からは理解可能であ
るし，また必然でもある。ところがわたしたちが沈潜してい
る芸術作品あるいは哲学の著作が，わたしたちにとっていっ
そう大きく，いっそう包括的に，そしていっそう豊かになれ
ばなるほど，この懐疑はわたしたち自身にとってますます和
らいでくる。なぜなら〔それらの業績を〕受け取る側である
わたしたちは，創作者が自身の作品をはかるのと同じ尺度を
用いてそれをはかるのではないからである。彼が〔余りにも
少ない〕欠乏を認めるところでわたしたちは〔余りにも多
い〕過剰に悩まされる。彼が内的な不満足を感じたところで
わたしたちは，決して完全には我がものとすることができな
いと考える無尽蔵の充実の印象の前に立たされる。両者〔の
視点〕は等しく正当で，等しく不可欠である。というのも，
その作品が初めて真の使命を果たすのは，まさにその独特な
相互関係によってだからである。それは既成の内容を或る人
から他の人へと移すことによってではなく，むしろ或る人の
行為が他の人の行為に点火されることによって，我と汝の間
の仲介者となる。そしてこのことからわたしたちは，なぜ真
に偉大な文化的業績が決して何らかの硬直したもの，精神の

172

自由な運動を締め付け妨げる硬直化としてわたしたちに対向するのではないのかも理解する。わたしたちにとってそれの意味内容は，それが絶えず新しいものによって習得され，それによって絶えず新しいものへと創り出されることによってのみ存続しているのである。

5　精神的発展の弁証法としての「ルネサンス」

この諸過程の本質は，ことによるとその過程に参与する二つの主観が個人ではなくむしろ時代全体である場合にもっとも明瞭に現れる。過ぎ去った文化に関するすべての「ルネサンス」が，このことの例をわたしたちに示している。再生という名に値するルネサンスは決して単なる受容ではない。それは過ぎ去った文化に所属するモチーフの単なる継続，あるいは続行ではない。ルネサンスはしばしばそのようなものと信じられており，また，ルネサンスがそれの従う模範に可能な限り接近することよりも崇高な志を知らないこともしばしばである。しかしながら世界史における本来の偉大なルネサンスは単なる受容性ではなく，常に自発性の勝利であった。この二つの契機がどのように相互に干渉し合い，お互いに影響を及ぼし合っているのかを追求することは，精神史のもっとも魅力的な問題の一つである。ここで人は歴史の弁証法について語ることができるであろうが，この弁証法は精神的発展の本質によって与えられ，そのなかに深く基礎づけられているので，それ自身のうちにはまったく矛盾を含んでいない。或る主観が——そこで問題となるものが或る個人であれ，あるいは或る時代の全体であれ——他の主観のなかへと解消され，それにまったく献身すべく我を忘れる用意ができ

第5論考 「文化の悲劇」について

ているときにはいつも，新たな，いっそう深い意味で自分自身を発見するのである。一つの文化が他の文化からそれ本来の中心に，つまりそれに固有な形式のなかへと入り込もうとする意志や能力をもたずに或る特定の内容だけを取り出す限り，この実り豊かな相互作用は依然として現れてこない。それはせいぜい形成の個別的要素を表面的に借用することにとどまり，これらの要素が真の形成的な力や動機となることはない。わたしたちはすでにこのような古代の影響の限られた仕方を中世の至るところで確認することができる。9世紀にはすでに「カロリング朝ルネサンス」が造形芸術と文学において存在した。そして人はシャルトル学派を「中世のルネサンス」と特徴づけることができる。ところがこれらはすべてイタリア・ルネサンスの最初の世紀に起こった「古典古代の復興」とは程度においてのみならず，その性質においても異なっている。ペトラルカはしばしば「最初の現代人」と呼ばれてきた。ところが非常に奇妙ではあるが彼がそれに成り得たのは，彼が古代に関する新しい，いっそう深い理解を貫徹することによってだけであった。彼は古代の言語，芸術，そして文学という媒介を通して再び古代の生の形式を見た。そしてその直観のなかで彼自身の根源的な生の感情を展開したのだった。このような自分自身のものと他者のものへの奇妙な浸透は，イタリア・ルネサンス全体にあてはまる。ブルクハルトはそれに関して次のように述べている。イタリア・ルネサンスは「古代をそれに固有な建築理念に対する表現としてのみ取り扱った」[3]と。

　こうした過程は尽きることがなく，それは絶えず新たに始まる。古代はペトラルカによっても何度も繰り返し「発見」され，そしてそのたびに或る他の，新たな特徴に光が当てら

174

5 精神的発展の弁証法としての「ルネサンス」

れた。エラスムスにとっての古代はもはやペトラルカにとっ
てのそれと同一ではなかった。そしてそれら両者に，ラブ
レーとモンテーニュにとっての古代，コルネイユとラシーヌ
にとっての古代，ヴィンケルマン，ゲーテ，ヴィルヘルム・
フォン・フンボルトにとっての古代がある。それらの間での
具体的 - 内容的な同一性について語ることはできない。同一
であるのは次のことである。すなわち，イタリア・ルネサン
ス，オランダ・ルネサンス，フランス・ルネサンス，そして
ドイツ・ルネサンスは，古代というものを無比な力の源泉の
ように感じており，それを彼ら自身の理念や理想を流布させ
るために用いたということである。そのため過去の真に偉大
な文化的時代は，過ぎ去った時間の証人として現代に入り込
んだ〔氷河の溶け後に残った〕迷子石と同じではない。それ
らは緩慢なかたまりではなく，むしろ巨大な潜在的エネル
ギーの集合であって，それらは再び姿を現し，そして新たな
成果のなかで明示されるその瞬間をただ待ち焦がれている。
ここでもまた，創られたものが単純に創りだす過程に対向し
ているのでも，あるいは対立しているのでもない。それど
ころかむしろ，絶えず新たな生命がこれらの「彫琢された形
式」[4]に流れ込み，それらが「武装して硬直すること」から
守っている[5]。

　当然のことながら異なる文化の間での決して終わることの
ないこうした対決は内的摩擦が無ければ起こり得ないことは
明らかである。現実的な融合には決して到達できない。とい
うのも，対立する力が作用し得るとすればそれは両者が相互
に自己主張することによるからである。完全な調和が実現さ
れるように思われる，あるいはそれが実現可能であると思わ
れるところでも，強い内的緊張が欠けていない。わたしたち

175

第5論考 「文化の悲劇」について

が古代文化の後世への影響について考察するならば，それはほとんど理想とする特殊なケースを指し示すであろう。単に否定的なものはすべて消去されるように思われ，偉大な生産的諸力が純粋に妨げられることなくそれらの恒常的で静かな効力を発揮することができるように思われる。しかしながらこの理想的な事例においてでさえ闘争を，それどころか和解不能な対立を欠いてはいない。法の歴史は，ローマ法がいかに傑出した組織力を宿しているか，また，いかにしてローマ法が数世紀にわたってこの力を常に新しく証明してきたのかを示している。しかしながらローマ法は，同時に多くを期待させる萌芽の実現を破壊することなしには生み出すことができなかった。一方では「自然な」正義感と，国民法の慣例との間での衝突が，そしてもう一方ではそれと「学術的な」法との衝突が何度も繰り返し生じた。もしも人がそうした対立のなかに悲劇的な衝突を見るならば，「文化の悲劇」という表現がそのまったき権利を保持し続けるであろう。しかしながらわたしたちは単に衝突の事実だけではなく，むしろそれの治癒に，つまりここで何度も繰り返し生じるそれの独特な「浄化作用」に注目しなければならない。一方の面にいっそう多くの力が結び付けられるにつれて，他方の面にますます新しく，いっそう強い力が緩められる。この結合と緩和は異なる文化間での闘争において明示されており，またそれに劣らず個人の全体に対する闘争において，つまり偉大な創造的な個人の力が，与えられた状況の維持またある意味では不朽化を目指そうとする力との闘争において明示される。伝統的なものとの絶え間ない抗争のなかに生産的なものが認められる。ここでもまた，その抗争を黒と白の塗料だけで描くこと――つまりすべての有価値を一方に，そしてすべての無価値

を他方に見るということは誤りであろう。維持することへ向けられる傾向は，刷新へと向けられる傾向に劣らず重要で不可欠である。なぜなら刷新は持続するものでのみ遂行され得るし，また，持続するものは絶えざる自己刷新によってのみ存続できるからである。

6　制定の産物としての言語の変容

　この関係は二つの趨勢間での闘争が完全な深み——そこでは個人には意識されない力が支配的であるため，個人の意識的な計画や意図はもはや何ら力をもっていない——において生じるさいに，もっとも明瞭になる。そのような事態は言語の発展や改造において与えられる。そこでは伝統的な束縛がもっとも強く，それは個人の創造性にほんのわずかな余地しか認めないように思われる。言語哲学は言語が「自然」の産物であるのか，あるいは「制定」の産物であるのか，つまりそれは φύσει〔自然による〕か θέσει〔制定による〕かを何度も繰り返し議論してきた。ところが人が一方または他方の命題を受容しようとも，つまり，人が言語を客観的なものまたは主観的なものと見なそうとも，存続するものまたは制定されたものと見なそうとも，もしもこの後者の命題がその目的を果たすべきであるとすれば，それによってあらゆる恣意的なものに打ち勝つためのある種の強制力をそれにも与えねばならない。「唯名論者」のホッブズは，真実は事物のうちにではなく，しるし〔名辞〕のうちにある（*veritas non in re, sed in dicto consistit*）[6]と解釈する。ところが彼は次のことを付け足している。すなわち，名辞はひとたび制定されるともはや変化を受け入れ難くなること，また，総じて人間の言

第5論考　「文化の悲劇」について

語とその理解が可能であるためには，その取り決めが何らか
の絶対的なものとして承認されねばならないということであ
る。しかしながら言語の歴史は，言語的概念の意味がひとた
び固定されると二度と変更不可能であるという思い込みが偽
りであることを証明している。それはすべての生き生きとし
た言語の使用というものが絶えざる意味の変化を被ることを
示している。なぜならそれは，「言語」が単調でいつでも同
じ恒常的な「性質」を示す物理的な「事物」として存在する
のではないからである。それは語る行為のなかにのみ存在
し，そしてこの行為はまったく同じ条件や仕方で行われるの
では決してない。ヘルマン・パウルは彼の『言語史原理』に
おいて言語が実在するのはそれが一つの世代から他の世代へ
と伝達されることによってのみであるという事実に，どれほ
ど重要な役割が与えられるかを指摘した。このような伝達
は，或る部分の活動性や自立性がそれによって排除されると
いう仕方で生じるのでは決してない。それを受けとるものは
賜物を鋳造された硬貨と同じように受け取るのではない。彼
がそれを受容することができるのは，彼がそれを使用するこ
とによって，また，この使用のなかで彼がそれに新たな刻印
を施すことによってのみである。それゆえ教師と生徒，親と
子は決して厳密に「同じ」言語を語っているのではない。こ
うした必然的な形成と変形の過程のなかにパウルは言語の歴
史全体にとってもっとも重要な要素の一つを見て取る[7]。所
与の模範からの無意識的な逸脱においてのみ証明されるこの
言語の創造は，当然のことながら本来の創造的な行為からは
さらに大きく離れている。それは言語の根底で行われる変化
ではあるが，それは新たな力の意識的な投入にもとづく行為
ではない。ところがもしもその言語が枯死すべきではないと

178

6 制定の産物としての言語の変容

すれば，この後者による決定的な一歩もまた不可欠である。内側からの革新がそのまったき力強さと強度を初めて得るのは，言語が或る特定の文化的財産を単に仲介したり，伝達したりすることだけに使われるのではなく，その代りにむしろ新たな，個人的な生の感情の表現となるときである。この感情が言語のなかへ流れ込むことによって，そのうちでまどろんでいるすべての未知のエネルギーが目を覚ます。日常的な表現の領域においては単なる逸脱であったものが，ここでは新たな形態（Neugestaltung）となる。そしてそれは最終的には，ほとんど言語の本体すべてを，つまり語彙，文法，そして文体論を改造してしまうほど先に進むことがある。偉大な詩の時代はこのような仕方で言語の形成に影響を与えた。ダンテの『神曲』は叙事詩に新たな意味と内容を与えただけでなく，それは「俗語」（*lingua volgare*）の，つまり現代イタリア語の出生時刻となった。偉大な詩人たちは言語の刷新への衝動をとても強く感じていたので，所与の言語，つまり彼らがそのなかで仕事をしなければならない素材は，ほとんど彼らを煩わせる足かせであるように思われる瞬間が，彼らの人生において何度も繰り返し訪れたように思われる。そのような瞬間に，彼らのなかに言語に対する懐疑がまったき力強さをもって目を覚ます。ゲーテでさえもこの懐疑と無縁ではない。そして彼は時折，プラトンにも劣らぬ特徴的な表現をそれに与えた。彼は有名なヴェネツィアのエピグラムのなかで次のように宣言している。すなわち，彼は非常に多くの努力をしたにもかかわらず，彼が名匠の才に近づくことができたのはただ一つだけ，つまりドイツ語を書く才だけであったと。

第 5 論考 「文化の悲劇」について

不幸なる詩人のわたしはこうして
劣悪な素材で生活と芸術を駄目にしている[8]

しかしながらわたしたちは，ゲーテの芸術がこの「極悪の
素材」から何を作り出したのかを知っている。ドイツの言語
はゲーテの死の時には，もはやそれが彼の出生の時にそうで
あったものではなかった。それは内容的に豊かにされ，それ
までの限界を超えて拡張されたというだけでなく，それは新
たな形式へと成熟し，いまやそれは，一世紀前には全く知ら
れていなかった表現の可能性を獲得したのである。

7　創造的な過程における持続と刷新

他の領域においてもまた，これと同じ対立を何度も繰り返
し示すことができる。創造的な過程は常に二つの異なる条件
を満たさねばならない。すなわちそれは，一方で永続的なも
のと持続的なものに結び付けなければならないが，他方でそ
れは，この持続するものを変化させる新たな使用や試みに備
えていなければならない。というのも，この仕方によっての
み，客観と主観の両面から立てられる要求が正当に評価され
るからである。詩人が言語に心中を打ち明けることによって
自分の〔進むべき〕道が用意されるのを見出すように，造形
美術家も同じ仕方で自分の道が拓かれ，準備されるのを見出
す。というのも，すべての言語が特定の語彙——それをその
瞬間に創り出すのではなく，確固たる貯え（Besitz）として
もっている——を提示するように，それと同じことがすべて
の造形活動の様式にも妥当するからである。画家に，彫刻家
に，建築家に形の豊な貯え（Formenschatz）があり，言語と

180

7 創造的な過程における持続と刷新

同様にこれらの領域にも固有な「統語論」がある。これらの
すべてが自由に「作り出され」得るわけではない。ここでは
何度も繰り返し伝統がその権利を主張する。というのも，伝
統を通してのみ創造の連続性が確立され，確保されるからで
あり，造形美術家の言語の内側においてもまた，その連続に
すべての理解可能性がもとづいている。〔ドイツの建築家〕
ゴットフリート・ゼムパーは次のように述べている。

語源が常にその語義を保持し，それらに結び付く概念の
その後に生じるあらゆる変形や拡大に際しても，その基
本形式にしたがって再び現れるように，また，新しい概
念のために，〔誰かに〕理解されるという最初の目的を
見失うことなく，同時にまったく新しい語を作り出すこ
とが不可能であるように，芸術的シンボルの最古の型や
根が……拒絶されたり，無視されたりしてはならない
……比較言語学や言語の同系統性に関する研究が現代の
修辞学者に与えているのと同じ利点からすると，自分自
身の言語という最古のシンボルをその根源的な意味で理
解し，それらがいかにして芸術そのものと一緒に形式と
意味において歴史的に変化するのかを説明できる建築家
は，その芸術において優れている[9]。

　伝統の拘束性は，わたしたちが個々の芸術の技術と呼ぶも
のすべてにおいてまずもって明らかになる。それもまた他の
すべての道具の使用と同様に，確固たる規則にしたがってい
る。というのも，それは芸術家が使用する素材の性質に依存
するからである。芸術と手工業，造形美術家の活動と手工業
者の熟練が分離するには長い時間が必要であった。そしてそ

181

第5論考 「文化の悲劇」について

れらの結びつきは，まさに芸術的発展の頂点においてとりわけ密接になることが常である。いかなる芸術家も，自分の素材との絶えざる交渉のなかで前もって彼の言葉を学んでいないならば，それを実際に語ることはできない。そしてこのことは，決して素材 - 技術の局面についての問題だけに妥当するのではない。それは形式そのものの領域でもまったく類似している。というのは，芸術の形式もまたひとたび創り出されると，それは或る世代から次の世代へと受け継がれる確固たる所有物となるからである。しばしばこの伝承と継承は数世紀に渡ることがある。それぞれの世代が前の世代から特定の形式を引き継ぎ，それを次の世代へと引き渡す。言語の形式はそのような強さを入手しているので，特定のテーマが特定の表現手法と緊密に結びつくように思われるほどであり，また，わたしたちは何度も繰り返し同じであるか，僅かに修正された形式においてそれらのテーマに出会うほどである。形式の前進に適用されるこの「慣性法則」は，芸術の発展ではもっとも重要な要素の一つと成っており，芸術の歴史にとってもっとも魅力的な課題の一つがここにある。現代ではとりわけアビ・ヴァールブルクがこの過程をもっとも重視し，歴史的にと同様に心理学的にも，あらゆる側面からそれに光を当てるべく試みた。ヴァールブルクは最初にイタリア・ルネサンスの芸術史から出発した。ところが彼にとってそれは単に一つの範例を成しているだけであって，彼はそれでもって造形芸術における創造過程の特性と根本傾向を明確にしようとしたのである。彼はこの特性と傾向が古代の像形式（Bildform）の遺物においてもっとも明瞭に表現されているのを見出した。彼は古代がいかにして典型的で，何度も繰り返される状況に対して明確で的確な表現形式を創り出した

182

のかを示した。内的興奮，緊張と弛緩はそれらの表現形式に留め置かれているだけでなく，いわばそれらのなかへ呪縛されているのである。それと同じ種類の興奮が感じられるところではどこでも，芸術がその興奮のために創り出した像は生き生きとしたものになる。ヴァールブルクの表現によると，特定の「情念の形式」が生じ，それが人類の記憶へと永久に刻まれる。ヴァールブルクは造形芸術の歴史全体を通してこの「情念の形式」の持続と変遷，静力学と動力学を追究した[10]。それによって彼は芸術史を内容的に豊かにしただけでなく，それに方法論的に新たな特徴を与えた。というのも，彼はここですべての人文学的考察の体系的な根本問題に触れているからである。絵画と彫刻が心的実在や心的動揺を可視化するために人間の身体がもつ特定の固定した姿勢，体勢，身振りを用いるように，他のすべての文化の領域においてもこのような仕方で運動と静止を，つまり過ぎ去ったものと持続するものを相互に結びつけ，そしてその一方を他方の表現手段として用いるという課題が絶えず存在する。言語的および芸術的な諸形式が「普遍的に伝達可能」でなければならないとすれば，つまりそれらが異なる主観との間に橋をかけるべきであるとすれば，それらは内的に堅固で堅牢でなければならない。ところがそれらは同時に可変的でもなければならない。というのも，すべての形式の使用は，それが異なる個人において行われるときには，すでに或る確かな修正を含んでおり，またその修正なしには可能ではないからである。

8　芸術の類型論とベネデット・クローチェ

さまざまな芸術の類型において至るところで必然的なこの

第5論考 「文化の悲劇」について

〔形式の固定性と可変性という〕二つの対極の間で成立する関係にしたがって，それらを区別しようという試みがなされるかもしれない。そこでは当然のことながら原則に関する予備的な問題（Vorfrage）が最初に解決されねばならないだろう。そのような「類型（ジャンル）」は総じていかなる意味で語られ得るであろうか。それらは単なる言語標識（レッテル）とは異なる何かであろうか。古代の詩学と修辞学は，異なる詩的表現の形式を厳密に区別し，それらのすべてに或る特定の不変な「本性」を認めようとした。個々の詩のあり方は相互に特殊な仕方で区別されるということ，つまり，頌歌と悲歌，牧歌と寓話はそれぞれが固有な対象と固有な法則をもつと信じられてきた。古典主義はこのような見解をそれの美学の根本原理とした。ボアローにおいては喜劇と悲劇がそれぞれ固有な「本質」をもっていること，そしてこのことがそれらのモチーフ，特徴，そして語り口の選択にとって決定的でなければならないことは，疑問の余地がない前提とされている。レッシングはこのような根本見解をいっそう自由に形作ってはいるものの，彼の許でもそれが優勢である。彼は個々の類型の限界を拡張する権利を天才に認める。ところが彼は，この限界が原則的には破棄され得ないとも信じている。現代美学はここで固定されたすべての区別を，ただ船外へと捨てられねばならない底荷（バラスト）として扱おうとした。ベネデット・クローチェはこの観点においてもっとも先まで進んだ。彼は芸術のあらゆる区分と芸術の類型による相違を単なる専門語彙であり，それは実践的な目的には役立ち得るが，何ら理論的意義をもたないと説く。クローチェによるとそのような分類は，せいぜいわたしたちが図書館で蔵書を注文する際に用いる表題（ルーブリック）として役立つだけである。彼が強調するように，芸術は事物にもと

8 芸術の類型論とベネデット・クローチェ

づいてでも，あるいはそれの表現手段にもとづいても個々の
専門領域へは解体され得ない。それゆえ美学的総合は分割で
きない統一であり，また，そうあり続ける。

　　芸術作品はいずれも或る心理状態を表出するし，心理状
　態は個々別々いずれも常に新しいので，直観には無数な
　直観が含まれており，類型によってそれらを分類箱へ納
　めることは不可能である……要するに，芸術の分類説で
　はどんな理論にも根拠がないのである。芸術の場合，類
　とか部類はただ一つ芸術そのもの，すなわち直観だけで
　ある。ただし個々の芸術作品は実際には無数であり，す
　べてが独創的で，どの一つも他のものへ置き換えること
　はできず……どれも悟性で制御することはできない。哲
　学的に言えば，普遍的なものと特殊なものの間にはいか
　なる中間項目も介在せず，一連の類や種，つまり「一般
　原則」（generalia）の系列もない。芸術を生み出す芸術
　家も，それを観る鑑賞者も普遍的にして個別的なもの，
　より正確には個別化された普遍だけしか必要としない。
　必要なものは，一つの心理状態の表現へと凝縮し，集中
　する普遍的な芸術的活動である[11]。

　もしもこのことが無条件に正しいとすれば，わたしたち
がベートーベンを偉大な音楽家と，レンブラントを偉大な画
家と，ホメロスを偉大な叙事詩人と，そしてシェイクスピア
を偉大な劇作家と呼ぶことは，取るに足らない経験的な付随
的事態を示しているに過ぎないという結論──それは美学的
な観点からは無意味であり，彼らの芸術家としての特徴づ
けには不必要である──に至るであろう。「唯一絶対の」芸

185

第 5 論考 「文化の悲劇」について

術だけが一方に，そして他方には個人だけがあるとすれば，
個々の芸術家がいかなる媒体で自分自身を表現しようとする
かは相対的に偶然となるであろう。これは色彩か音響におい
て，言葉か大理石において生じ得るが，それによって芸術家
の直観が影響されることはない。彼らの直観は同じであり続
け，ただ他の媒介方法を選択しただけであろう。ところがそ
のような見解は，芸術的過程を正当に評価してはいないよう
に思われる。というのも，芸術作品はそれによって二つに分
割されており，それらの両者はなんら互いに不可欠な関係に
はないようだからである。しかしながら実際には，表現方法
の特殊性はその作品形成の技術に属しているだけでなく，そ
れはすでに芸術作品そのものの概念の一部である。ベートー
ベンの直観は音楽的であり，フェイディアスの直観は彫塑
的であり，ミルトンの直観は叙事詩的であり，ゲーテの直
観は抒情詩的である。これらのすべては単に彼らの創作の外
皮にだけでなく，核心部分にも関わっている。そしてそれ
によって初めてわたしたちは諸々の芸術を異なる「ジャン
ル」に分類することの，本来の意味と深遠な正当性に遭遇す
る。クローチェを類型論との激しい戦いに駆り立てた動機は
容易に認められる。それによって彼は美学の歴史全体を貫
き，また，その歴史のなかでしばしば不毛な問題設定へと導
いた誤謬に立ち向かおうとした。人は何度も繰り返し，美
の「規範」を打ち立てるために個々の芸術類型の規定とそれ
らの間での区別を用いようとした。人はそれらから芸術作品
の評価にとっての特定の普遍的規範を得ようとし，そして
個々の芸術自体の優位を争った。ルネサンス期においてもな
お，どれほど熱心に絵画と詩の間で競争がなされたのかは，
たとえばレオナルド・ダ・ヴィンチの『絵画論』から見て取

186

8 芸術の類型論とベネデット・クローチェ

ることができる。明らかにこれは誤った傾向である。頌歌，牧歌，そして悲劇がそれ自体において何であるかを規定し，個々の作品がその類型（ジャンル）の目的を〔その他の作品と比べて〕より多く，またはより少なく完全に成し遂げているかを問うことは無駄である。また，個々の芸術を上昇する系列において秩序づけようとして，それぞれがこの価値の序列（ヒエラルキー）のなかでいかなる地位を占めるのかを問うことは，なおさら疑わしい。クローチェは次のように説いている。「一遍の短詩は美的には長詩と同等であり，ほんの小幅の絵画や素描にしても，祭壇画やフレスコ画に匹敵する。一通の手紙が小説に負けないほど芸術的な場合もあるだろう」〔前掲訳書 58 頁〕と。これはまったく妥当であろう──ところがこのことから，それの美学的意義や内実において，抒情詩が叙事詩「であり」，書簡が長編小説「である」ということが，また，前者が後者になり得るし，なることを望むという結論が引き出されるであろうか。クローチェがこのような結論を引き出すことができたのは，ただ彼の美学の構成において，彼が「表現」という要素を実際に唯一の基礎としたからである。彼がもっぱら強調点を置くのは，芸術とは個人の感情および心理状態の表現（Ausdruck）でなければならないということにだけであり，その芸術がいかなる方法を選択し，そしていかなる特殊な描写（Darstellung）の方向を辿るのかは，彼にとってはそれほど重要ではない。したがって「主観的な」側面が「客観的な」側面よりも優先されるというだけでなく，後者は前者と比較されることでほとんどどうでもよいことになってしまう。芸術的直観のすべての手法は「抒情的直観」となる──たとえそれが，戯曲において，英雄の叙事詩において，彫刻において，建築あるいは演劇において実現されるとしても同

187

第 5 論考 「文化の悲劇」について

様である。

> 直観の個別性は表現の個別性を意味するのだから，一枚
> の絵が一遍の詩と異なるのに劣らず別の絵からも異なる
> のだから，そしてまた，絵や詩に価値があるのは，空中
> で振動する音によるとか，光から屈折する色によるので
> はなく……精神に伝えることのできる何かによるのであ
> るから，一連の類や部類を設けるつもりで表現の抽象的
> な手段に頼っても無駄である[12]。

　よく知られているように，クローチェが類型論を拒絶する
のはそれが規範概念を確立しようとする限りにおいてだけで
なく——そのことはまったく正当化されよう——またそれが
特定の様式概念を固定しようとする限りにおいてでもある。
そしてそれゆえ彼にとってはすべての表現形式の相違は消失
しなければならないか，あるいは単なる「物理的な」表現手
段の相違に解釈し直されねばならない。ところが，まさにこ
の「物理的な」要因と「心的な」要因の対立は，偉大な芸術
作品へと率直に沈潜することによって反駁される。ここでは
両方の要素が完全に溶け合っているので，それらは反省にお
いては確かに区別されるが，美的直観と美的感情にとっては
不可分の全体を構成する。わたしたちは実際にクローチェが
するように，具体的な「直観」を表現の「抽象的な」手段に
対立させ，それに応じて後者の範囲で見出されるすべての相
違を純粋に概念的な相違として扱うことができるであろう
か。それともその両者は必ずしも芸術作品において内的に癒
着しているのではないのか。純粋に現象学的に，美的直観の
ある種の一様な根源層——それは常に同一であり続け，作品

の完成に際して初めてそれがどの道を進むのか，つまりそれ
は言語において，音響において，あるいは色彩において実現
され得るのかどうかを決める——が明示され得るのか。ク
ローチェもこのことを受け入れなかった。彼は強調して次の
ように説明する。

　　一つの詩から格や律や言葉を取り去ると，これら以上
　　の，誰かが思うような詩想のごときものは何も残らな
　　い[13]。

　ところがこれに続くことは，美的直観もまた音楽的あるい
は彫塑的直観として，抒情詩的あるいは戯曲的直観として生
じるということ，また，それゆえその際に表現されるこれら
の相違は，わたしたちが個々の芸術作品に貼り付ける言葉の
目印やレッテルであるだけではないということ，むしろま
た，真正な様式の相違，芸術的直観の異なる方向がそれらに
適合する，ということである。

9　抒情詩における不変な形式

　もしも人がこのようなところから出発するならば，わたし
たちの一般的な問題はあらゆる類の芸術的形態において生じ
るが，その問題は他方でやはりそれぞれの芸術の種において
特殊な形姿をとり得ることが明らかになろう。形式不変性の
要素と形式「可変性」の要素が至るところでわたしたちに立
ち現れてくる。当然のことながら両者の間での均衡は異なる
芸術においては同じ仕方で生じることはないようである。或
る場合には持続性と同形性が優位を主張し，また他の場合に

189

第 5 論考 「文化の悲劇」について

は変化と流動が優位を主張する。人はある意味で，建築形式
の規定性，安定性，そして完結性に，抒情詩的あるいは音楽
的形式の流動性，可変性，変動性を対置することができるか
もしれない。しかしこれらは単なる強調点の移動に過ぎな
い。というのもわたしたちは，音楽において厳密な形式の静
止性を見出すように，建築においても形式の力動性と律動性
を見出すからである。抒情詩に関して言うと，それはすべて
の芸術のうちでもっとも流動的で，もっとも儚い芸術である
ように思われる。抒情詩は生成のうちで姿を現すもの以外に
は何も知らない──そして，この生成は事物の客観的変化で
はなく，自我の内的な感動である。そこにおいて何かが保持
されるべきだとすれば，それは移り変わり（Übergang）そ
のもの，つまりもっとも繊細な心的情緒ともっとも儚い心的
気分（ムード）の到来と退去，出現と消失，鳴動と霧消である。芸術家
が「諸々の形式」の出来上がった世界を用いることができな
いとすれば，つまり，すべての新しい時々に新たな形式を創
り出さねばならないとすれば，それは確かに抒情詩において
であろう。それでもなお抒情詩の歴史が示していることは，
抒情詩においてでさえ「持続」が運動に対して完全には消失
していないこと，また，「異質性」がただそれだけで，また
は一面的に支配するのでもないということである。まさに抒
情詩においては，それが生みだすすべての新しいものが今も
なお共鳴や反響であるように思われる。なぜなら抒情詩が根
本において関わるものは，それが取り組むことのできる大き
な基本テーマだけだからである。それらは無尽蔵で不変なま
まである。あらゆる民族が抒情詩をもっており，それは時代
の歩みのなかでも何ら本質的な変化を被らなかった。抒情詩
ほどに素材の選択が制限されている領域は他にはないように

190

9 抒情詩における不変な形式

思われる。叙事詩人は常に新たな事件を，劇作家は常に新た
な人物と新たな葛藤を形作ることができるであろう。ところ
が抒情詩は人間的な感情の領野を歩測し，そのなかで何度も
繰り返し同じ中心点へと差し戻されることに気がつく。結局
のところ抒情詩にとっては外的なものなど何もなく，どこで
もそれは〔心の〕内部にある。この内面性は，それが完全に
表現可能で完全に汲みつくすことが可能でない限り，抒情詩
のなかでは無限であるように思われるが，この無限性はそれ
の周囲の広がりではなく，むしろ内容に関係する。本来の抒
情詩のモチーフの数は時代の変遷においてほとんど増えるこ
とがないように思われるし，そうした増加を必要としないよ
うに思われる。というのも抒情詩は，何度も繰り返し「人間
性の自然形式」に沈潜するからである。それはもっとも人格
的なもの，個別的なもの，比類のないもののうちにでさえ，
同一のものの永遠な反復を感じ取る。気分のあらゆる豊かさ
や詩的形式をそこから取り出すためには，諸々の対象の特定
領域だけで十分である。わたしたちは何度も繰り返し同じ対
象や同じ典型的な人間的状況に出会う。恋愛とワイン，バラ
とナイチンゲール，別れの痛みと再会の喜び，自然の目覚め
と衰滅，これらのすべてはあらゆる時代の抒情詩的作品のな
かで間断なく繰り返されている。それゆえ伝統と慣例の重荷
もまた，抒情詩の歴史のなかで感じられ得る——そして，こ
こではその重荷が格別な重みをもっている。ところがこれら
のすべては，時代の流れにおいて新たに偉大な抒情詩人が生
まれるたびに取り除かれ，捨て去られる。その詩人もまた，
抒情詩の対象とモチーフの領域を拡大することはほとんどな
いのが常である。ゲーテは形式の選択と同様にモチーフの選
択においても，あらゆる時代のあらゆる民族の抒情詩を〔創

191

作の〕糸口とすることをはばからなかった。『ローマ悲歌』と『西東詩集』はそうした共鳴や反響がどれほど彼にとって重要であったのかを表している。それにもかかわらず，わたしたちは『西東詩集』においてハーフェズの言葉を聞かないように，『ローマ悲歌』においてカトゥルスやプロペルティウスの言葉を聞くのではない。わたしたちはただゲーテの言葉だけを聞くのであって——それは彼がこれらの詩のなかに取り込んだ，一度だけの比類なき生命の要素（Lebensmoment）から成る言葉である。

10　宗教的理念の運動

　それゆえにわたしたちは異なる文化領域において何度も繰り返し同一の過程に，つまりその基本的な性質においては単一な過程に遭遇する。一方では保存を，そして他方では刷新をめざす二つの力の間での競合と葛藤は決して止むことがない。時に両者の間で達成されるように思われる平衡状態は，あらゆる瞬間に新たな運動に転ずる可能性のある不安定な平衡に過ぎない。それと同時に，文化の成長と発展によって振り子の動きはいっそう大きくなり，振動の幅がますます大きくなる。内的な緊張と対立はそれによっていっそう強力になる。それにもかかわらず，この文化のドラマが完全に「文化の悲劇」となることは決してない。なぜならそのドラマには究極的な勝利がないのと同じように，究極的な敗北もないからである。両者の対立する力はお互いを破壊するのではなく，お互いを成長させる。精神の創造的な運動は，それが自分自身から作り出した自己の作品のなかで，敵対者を生み出すように思われる。というのも，創造されたすべてのもの

192

10 宗教的理念の運動

は，その本性にしたがって，新たに現れ出て生成しようとする要素と居場所を争わざるを得ないからである。しかしながら，その運動は何度も繰り返しそれが形成したものと衝突するとしても，それによって崩れ去ることはない。その運動は自分自身が新たな努力を強要され，それへと駆り立てられるのを目にするだけであって，そのなかに新しい未知の力を発見する。このことが，宗教的な理念の運動の推移においてよりも意義深く，特徴的な形態で現れるところは他にない。ここでその闘争が示すものは，ことによると，それのもっとも深く，もっとも衝撃的な側面かもしれない。思想や想像力だけでなく，感情や意志までもが，つまり人間のすべてがその闘争に巻き込まれている。というのも，今ではもう有限な個々の目標ではなく，生か死か，存在か無かが問題だからである。そこには相対的な決定は存在せず，一つの絶対的な決断があるだけである。宗教はこの絶対的な決断を所有していると確信している。人はそのなかに永遠なものを，もはや時の流れには属さない永続的なものを見つけたと信じている。しかしながらこの最高の善と価値への約束は，同時にその主体に対する特定の要求を含んでいる。その主体は，その要求が自分に提示されるままに受け入れなければならず，自分の内的不安と休むことがない思慕を放棄しなければならない。宗教が他のあらゆる精神的財と同じように生命の流れに源を発するとしても，それでもそれは同時にその流れを超克しようとする。それは「超越的な」領域への展望を開き，それはこの流れに影響されることなくそれ自身において価値をもち，それ自身において存続し続ける。宗教はこの目標のためにもっとも強力な内的および外的拘束を所有している。わたしたちが宗教の歴史を遡るのに応じて，これらの拘束はま

193

第 5 論考　「文化の悲劇」について

すます強固になる。助力を懇願される神が現れるのは，祈祷
形式の文言が変えられないときだけである。儀式は，それが
まったく同一の変化しない一連の個別行為によって執り行わ
れないならば，その宗教的な力を喪失する。「未開民族」の
宗教においては，生活の全体がこうした宗教的形式主義の硬
直さに転落している。個別的行為のすべてが宗教的禁制に
よって関係づけられ，脅かされている。たくさんの禁忌の
規定が鉄の輪のように人間の実在と生命にまとい付いてい
る。ところが宗教の発達は，その規定に他のいっそう高い目
標を指し示す。この〔宗教的禁忌による〕拘束は終わること
がないが，それは外側〔の拘束〕から，内側〔の拘束〕へと
向きを変えるのである。祈りは魔術的な言葉の束縛から神へ
の嘆願となり，供物と儀式の挙行は神との和解となる。そし
てこれによって主体的で個人的なものの力が増大し，強くな
る。宗教は確固たる信仰箇条と確固たる実践的戒めの総体で
あり，そうあり続ける。これらの箇条が真実で，これらの戒
めが有効であるのは，それらが神によって啓示され，告知さ
れたからである。ところがこの告知そのものは，個人の魂に
おいて，つまり偉大な宗教の創始者や預言者の魂のなかでの
み実現される。これによって再び対立がそのまったき強さで
起こり，いまやそれが全く深いところで体験される。自我は
あらゆる〔日常的な〕経験の限界を超えて高まり，自己と神
性の間にいかなる境界も認めない。その自我は自分自身が神
によって直接的に生かされ，浸透されていると感じる。そし
てそれはこの直接性によって，すべての客観的な規約の特性
をもつもの，ただ宗教的な慣習だけに属するものを退ける。預
言者は「新しい天と新しい地」[14]を築こうとする。ところが
当然のことながらその際に彼は，彼自身の存在と働きにおい

194

て，彼が人間をそれから解放しようとする権力の虜となっている。彼は現存する特定の教義（ドグマ）に自分自身のいっそう深い神性への確信を対抗させて，その教義を拒絶することができる。そして預言者がこの確信を述べ伝えるためには，ふたたび自ら新しい宗教的シンボルの創始者とならねばならない。その預言者が洞察するものの内的な力によって活気づけられ，満たされている限り，それらは彼にとって〔意義のある〕象徴に他ならない。ところがそれらを告知される人たちにとっては，それらは再び教義となる。すべての偉大な宗教の創始者たちの仕事は，彼らがどのようにその願いが聞き入れられないでこの軌道に繰り返し引きずり込まれたのかをわたしたちに教えている。彼らにとって生命であったものが規約（Satzung）へと変貌し，そのなかで凍りついて硬直する。それゆえわたしたちがここでも見出すのは，他の文化的形象において姿を現すのと同じ振動（Ozsillation）である。宗教は強固なもの，永遠なるもの，そして絶対的なものを告知するにもかかわらず，それもまたこのプロセスから逃れることができない。というのも，それが生命に介入し，それを形作ろうとすることによって，それは生命の浮き沈みに，つまりその絶え間なく止めどない律動（リズム）に屈するようになるからである。

11　文化の生成：「シンボル形式」の機能

　これらの考察にもとづいて，わたしたちは今や「自然」の生成と「文化」の生成の間にある特徴的な相違をいっそう鋭く示すことができるであろう。自然もまた静止を知らない。すべての有機体もまた，それらの形態のあらゆる規定のなか

第5論考 「文化の悲劇」について

で固有な自由を所持している。変異の可能性はすべての有機物の根本的な特徴である。「有機的形態の形成と再形成」はあらゆる自然の形態論にとっての大きなテーマである。ところが有機的自然を支配する運動と静止の関係，つまり形態と変態の関係は，わたしたちが文化的な形成物（Gebilde）において出会う関係性とは二重の観点で異なっている。わたしたちは運動性と持続性を，〔自然的形態と文化的形成物の〕両者に要求しなければならない。しかしながらこれらの要素のそれぞれは，わたしたちが自然の世界から人間の世界へと目を転ずるならば，別の仕方で説明されるように思われる。もしもわたしたちが自然において「低次の」形態から「高次の」形態への上昇を証明することができると考えるならば，それは或る類から他の類への進歩に該当する。ここでの起源に関する（genetisch）視点は，常に，そして必然的に種属的な（generisch）視点である。個別的なものに関して言えば，それらは必然的にこの考察方法から除外される。わたしたちはそれらに関して何も知らないし，何も知る必要がない。というのも，それらにおいて生じた変化が直接的にその類に跳ね返ることはないし，その生活へと入り込むこともないからである。ここには生物学が後天的な特性の非遺伝性の事実と呼ぶ遮断機がある。植物と動物の世界の領域でそれぞれの個体のうちに現れる変異は，生物学的には重要ではない。それらは浮かび上がっても再び沈んでいくだけである。わたしたちがこの事実をヴァイスマンの遺伝理論の言葉で表現しようとするならば——もちろんその際にわたしたちはこの理論の経験的正確さと立証可能性の問題は未解決にしておくが——次のように言うことができるであろう。すなわち，これらの変化はただソーマ（体細胞）にのみ影響するのであって，

11 文化の生成

「カイムプラズマ（生殖細胞質）」には妥当しないというこ
と，そしてそれにしたがってそれらは類の発展が依存する深
層に影響することがなく，表層的であり続ける，ということ
である。しかしながら文化の諸現象においては，この生物学
的断絶は取り除かれる。人間はその本質と能力に特徴的であ
る「シンボル形式」のなかに，いわば有機的自然そのもので
は解決できない課題への解決策を見出している。「精神」は
「生命」には与えられていなかったことを実行したのである。
ここでは個人の生成と作用が，まったく異なる，深く介入す
る仕方で全体に結びついている。個人が感じ，意志し，そし
て考えることは，彼ら自身のなかで閉ざされたままではな
い。それは彼らの業績において客体化される。そして言語，
詩，造形芸術，そして宗教といったこれらの業績は，人類の
「モニュメント」に，追憶の印に，そして記念碑になる。そ
れらは「青銅よりも永続的」である。なぜならそれらにおい
ては物質的なものだけが存続しているのではなく，それらは
精神の表現であり，もしもそれと同類で敏感な主体に出会っ
たならば，その素材の覆いから解き放たれ，新たな作用を呼
び覚ますことができるからである。

　たしかに文化的財の領域には滅びてしまうもの，永遠に人
類に失われてしまうものが無数にある。なぜならこれらの財
もまた，傷つきやすい物質的な側面をもっているからであ
る。アレクサンドリア図書館の火災は，古代に関するわたし
たちの知識にとって計り知れない価値をもつであろう多くの
ものを灰燼に帰した。またダ・ヴィンチの絵画のほとんど
は，それらが描かれた色彩が永続的であることを実証しな
かったがゆえに，それらはわたしたちに失われている。とこ
ろがこれらの場合においてもまた，個々の作品は見えない糸

197

第5論考 「文化の悲劇」について

を通してであるかのように，全体へと結びつけられ続けている。それがもはや特殊な形態において存続していないとしてもその作用は働き続けており，それが何らかの仕方で文化の発展に関与し，おそらくその歩みを何らかの点で決めていたのである。わたしたちはこの場合に偉大なものや，非凡なものだけを考える必要はない。同様のことがもっとも狭く，かつ，小さな領域においても実証される。ことによると，何らかの仕方で「その」言語に影響しない発話はたぶん一つもないと強調されたことは正しかった。そのような同一の方向に向けて作用する無数の行為から，重要な語法の変化，音韻の推移，または形式の変更が生じ得る。なぜならそれは，人類が言語のなかに，芸術のなかに，あらゆる文化的形式のなかに，いわば新たな胴体を創り出したからであって，それにすべてが一緒に所属している。もちろん個々の人間自身は，その人生の経過において獲得した個別的な技能を伝達することができない。それらは受け継がれることのない，自然な「ソーマ（体細胞）」に付着している。それにもかかわらず，人がその業績において自分自身から取り出すもの，言語的に表現されるもの，絵画や彫塑で示されるものは，言語または芸術に「同体化」（einverleiben）されており，それによって存続するのである。まさにこの過程が有機的生成の領野で生じる単なる変形（Umbildung）を，人類による形成（Bildung）から区別する。前者は受動的に生じるものであるが，後者は能動的である。そのため前者はただ変化に至るだけなのに対して，後者は永続的な形態化に至る。作品とはその根底においては一つの人間的な行為であって，この行為は存在へと凝縮されているが，その創作過程においても自己の根源を否認していない。そこから作品が生じる創造的意志と創造的力

198

11　文化の生成

は作品のなかに生きて働き続けており，常に新しい創造に向
かって発展していくのである。

解　　説

はじめに：本書のなりたちとその意義

　本書『人文学の論理』(*Zur Logik der Kulturwissenschaften*) は，1942 年にスウェーデンのイェーテポリで著者エルンスト・カッシーラー（Ernst Cassirer, 1874-1945）の母語であるドイツ語で出版され，1961 年にはアメリカで *The Logic of the Humanities* というタイトルで英訳された。わが国ではすでに『人文科学の論理』（中村正雄訳，創文社，1975 年）として邦訳されている。またアメリカでは 2000 年に *The Logic of the Cultural Science* として再び英訳された。このように，本書はドイツ語を母語としない外国語の読者にも早くからよく知られており，今もなお読み続けられている著作である。

　カッシーラーは 1929 年に主著『シンボル形式の哲学』(*Philosophie der symbolischen Formen*, 1923-29) の第三巻を上梓した後に，それに続く第四巻を準備していた。ところが 1933 年にナチスがドイツの政権を掌握すると，ユダヤ系であった彼は家族と共にイギリスへの亡命を余儀なくされ，さらに 35 年にはスウェーデンのイェーテポリへと移り住んだ。そして『人文学の論理』は 40 年の春に同地で着手され，42 年に出版された。彼はこれと時を同じくして『認識問題』(*Das Erkenntnisproblem in der Philosophie und Wissenschaft der neueren Zeit*, 1906-57) の第四巻にも着手し，『人文学の論理』から数か月後にそれも完成させた[1]。彼がこれらの仕事に取り組んだのは，ヨーロッパのほぼ全体が大戦の動乱

201

に巻き込まれ，無数の悲劇が生じた時期であった。ナチス・ドイツは40年4月にノルウェーとデンマークへ侵攻し，続く5月にはベルギーとオランダへも戦線が拡大された。カッシーラーはそうして瞬く間に祖国がその勢力を拡大していく姿を国外から見ていた。そして6月に入ると，ナチス・ドイツはフランスへ侵攻し，すぐさまパリを占領してしまった。この出来事によってカッシーラーは義理の弟を失うことになる[2]。それは彼自身にとって極めて大きな出来事であり，かつてないほどの衝撃として彼にのしかかった。そのような「実存的な」危機感が，上述した二つの仕事を急いで完成させるべく彼を駆り立てたのだった。その後，彼はイェール大学からの招聘に応じてアメリカへ渡り，1945年にその地で突然の死を迎えることになるのだが，彼はこのイェーテポリでの生活をとても気に入り，ここへ戻ってくるつもりでいた。彼は1940年代に本書の他に二つの著作を著しているが[3]，それらは渡米後に英語で書かれたものであるため，結果として『人文学の論理』は彼が母語で書いた最後の著作となった。

　本書においてカッシーラーは自然科学と人文学が異なる論理をもつことを論じているのだが，その議論はことによるとこの書が著された大戦の時代と同じ程度に今日でも重要な意義をもつであろう。というのも，今日では自然科学（いわゆる「理系」科目）の重要性があまりにも大きく主張されることによって，人文・社会学系の学部が不要であるとさえ言われるからである。ところが本書でカッシーラーが一貫して主張しているように，そもそも自然科学が対象とするものと，人文学が対象とするものは異なるのであるから，それぞれにふさわしい領域が認められねばならない。哲学書の意義がそ

の厚みや装丁の素材によって判断されるべきではないし，芸術作品の価値がその大きさや重量で測られるはずがない。したがって，わたしたちが人文学の対象を自然科学の物差しで測ろうとすると，まったく見当違いになることが明らかである。科学と技術の競い合いに明け暮れた 1940 年代に，このような一見したところ当たり前のように思われる視点が強調されたことはそれほど不思議ではない。ところが今日，当時ほどひっ迫した政治状況にはないとしても，ふたたび人文学に固有な権利が損なわれつつあることは事実である。カッシーラーはつねに冷静に，かつ，客観的に議論を展開するため，時代を超えて彼から学ぶべきものは多い。それが 21 世紀のわが国で本書が改めて翻訳され，世に問われる理由であると訳者は確信している。

1　カッシーラーの意図：
「文化の学」としての「シンボル形式の哲学」

　本書におけるカッシーラーの意図を理解するためには，まずもって彼が「人文学」(Kulturwissenschaft) という用語によって何を意味しているのかが理解されねばならない。この言葉ははじめにハインリヒ・リッケルト (Heinrich Rickert, 1863-1936) が『文化科学と自然科学』(*Kulturwissenschaft und Naturwissenschaft*, 1899) において，学問の領域を二つに大別する際の総称として用いたことで知られている。「個性記述的」と呼ばれるリッケルトの文化科学は，自然科学とは異なるもう一つの経験科学であって，それは個別的な事象を単に普遍の一例とするのではなく，むしろそれぞれが固有な「価値」をもつものとして捉えるところに特徴があ

る。ところが本書でのカッシーラーの意図は，人間が言語，芸術，神話・宗教，科学など，彼が「シンボル形式」と呼ぶ精神の機能を用いていかにして文化の世界を構築するのかを明らかにすることであるため，リッケルトの「文化科学」(Kulturwissenschaft) から方法論的な手がかりを得ているとしても，それをそのまま引き受けているわけではない。

ところで，「人文学」はHumanität/ humanities の訳語として用いられることが一般的であり，本書の英訳書も始めはKulturwissenschaft の訳語として humanities が用いられていた。ところがカッシーラーは人間の文化に相応しい学を明示しようとするのであって，それは常に「自然科学」との対立的，または相補的な関係性から規定される。この点については次にもう少し詳しく述べることになるが，Kulturwissenschaft/ cultural science という言葉によって彼が意図するものをより正確に表現すれば，それは「哲学的人間学としての文化哲学」である。さしあたりこの言葉を既存の日本語に当てはめるとすれば，「人文学」または「人文科学」とせざるを得ない。それらのどちらがよりふさわしい訳語であるかは意見の分かれるところかもしれない。しかしながらいわゆる「理系」や「文系」といった学問の大別による住み分けが進んでしまった今日では，「科学」という用語は主に前者に対して用いられ，それからただちに連想されるのは究極的には数学へ還元可能で，数学的に証明可能な学問であろう。もちろんカッシーラーが用いたドイツ語の Wissenschaft にはそのような意味の限定は考えられないが，著者の意図はそうした経験的な手法を用いた「実験科学」として文化を分析することではないため，本訳書ではあえて「科学」という言葉を避けて「人文学」という訳語を用いることにした。

1 カッシーラーの意図

さて，カッシーラーは「シンボル形式の哲学」によってカントの「理性批判」を「文化批判」へと発展させようとしたのだが，晩年に彼が「シンボル形式」の問題を取り上げる際には，それまでとは異なる視点が加えられている。彼はそれ以前の著作において，「シンボル形式の哲学」はディルタイやヴント以降，「精神科学」(Geisteswissenschaft) という名称で呼びならわされてきた領域の発展に寄与するものであると述べているが[4]，ここに至って彼はそれを「自然科学」との関係から捉えている。これには奇しくも彼と同じ年に生を受けたマックス・シェーラー（Max Scheler, 1874-1928）の影響が認められる。初期フッサールの現象学を採用するシェーラーは，生物学の発展によって得られた成果を取り入れつつ，それを哲学的な観点から総合する「哲学的人間学」を創始して，人間の特殊な地位を明らかにしようとした。良く知られているように，シェーラーは『宇宙における人間の地位』(*Die Stellung des Menschen im kosmos*, 1928) においてその大綱を示し，それに続く本格的な議論を予告していたが，それは彼の急逝によって十分に展開されることはなかった。しかし彼の問題意識とその手法は後にカッシーラーやプレスナー，そしてゲーレンといった思想家たちに大きな影響を与えたのである[5]。

カッシーラーがシェーラーの「哲学的人間学」を受容しているということは，彼が晩年にアメリカで上梓した著作『人間』(*An Essay on Man*, 1944) からも明らかである。その著作の副題は「人間文化の哲学への序論」(An Introduction to a Philosophy of Human Culture) とされている。ここで彼が用いている「人間文化の哲学」という用語は，その原稿が著された時期を考えても，彼が本書において「人文

205

学」(Kulturwissenschaft) と言うものと同じであると考えられる。また，この『人間』という著作の原稿段階で与えられていた最初の副題は「哲学的人間学」(A Philosophical Anthropology) であったことも，彼の遺稿集の編纂，出版によって明らかになっている[6]。したがってこの時期のカッシーラーは，シェーラーが立てた人間の「特殊地位」を解明するという問題を，彼の独自な概念である「シンボル形式」を用いて発展させようとしていたのであって，本書もその試みの一つに連なるものである。

2　本書の「中心」と「結論」

　本書には著者自身による序文やあとがきといった，議論の前提を説明するものがないので，彼がどのような問題意識のなかでこれらを書いたのかは読み取りづらいかもしれない。そこで，本書の構成そのものを，それを読み取る手がかりにしてみたい。まず，本書は基本的には独立した五つの論考から成り，それぞれ順に，第一論考「人文学の対象」，第二論考「事物の知覚と表情の知覚」，第三論考「自然の概念と文化の概念」，第四論考「形式の問題と因果の問題」，第五論考「〈文化の悲劇〉について」と題されている。これら五つの論題をめぐって，人文学の論理とはいかなるものか，また，それは自然科学が用いるものといかなる関係にあるのかが論じられていく。これら五つの表題との関連でとりわけ注目に値するものは，その中心に位置する「文化の概念」に関する議論と，最後に位置する「文化の悲劇」に関するものではなかろうか。後に詳述するが，これら二つの論考では「文化の哲学者」と呼ばれるカッシーラーが改めて「文化」はいかなる

206

2 本書の「中心」と「結論」

機能をもち，それがわたしたち人間にいかなる作用を及ぼすのかを論じている点で興味深い。彼がそれまで『シンボル形式の哲学』を中心として，「文化」という言葉で指し示してきた主な現象は，言語，神話・宗教，芸術，科学などであった。ところが，それらを包含する「文化」の概念そのものはあまり論じられてこなかった。物理的に本書の中心に位置する第三論考でこの議論が扱われていることは，ことによると単なる偶然ではなく，主題としてもそれが「中心」であることを示しているように思われる。というのも，1940年代というさまざまな局面で科学・技術の優位が宣言され，ほとんどすべての価値観がそれの下に従属させられるかのように思われた時代にあって，彼は人間の「特殊地位」がそれによっては決して汲みつくすことができないこと，つまりそれとは異なる論理で成立している「文化の概念」を，改めて擁護する必要性に駆られていたに違いないからである。

そして第五論考における「文化の悲劇」に関する議論は，それがあえて本書の最後に論じられていることからも，やはりその「結論」にふさわしい。後に詳しくみるが，文化的業績（または「文明」と言い換えるべき箇所もある）は，その生みの親である主観（個人）にとっては必ずしも幸福を約束するものではない。ところが文化は，一見するとそれぞれの主観が独自に構成するように思われるとしても，それは他の主観によっても理解されなければならないので，それは「間主観的」に，つまり他者と共有しながら共に構築する世界である[7]。そこで彼は，精神の機能である「シンボル形式」をもつ人間を文化の概念に当てはめて考察することによって，いかにして人間が特殊でありながらも普遍的な文化の世界を構築するのかを問う。それゆえここでの議論はカントの超越

207

解　　説

論的な手法にしたがって主観の考察から出発する「シンボル形式の哲学」が，同じ文化のなかに生きる他者（他の主観）を前提し，他者と共有可能でなければならない世界の構築においていかなる役割を果たすのかが論じられている。そこで次に，第三論考で展開されている，人文学が用いるべき文化の概念と自然科学のそれはどのように異なるのか，また，本書の結論である文化の「悲劇」とは何か，という二つの点をさらに解説していきたい。

3　文化の概念と自然の概念

　カッシーラーは第三論考Ⅰでいくつかの例を用いて文化の概念がもつ特徴を提示している。たとえば芸術の歴史に関して，わたしたちがダ・ヴィンチやミケランジェロをルネサンスに特徴的な「様式」を用いた芸術家として捉えるための，具体的な指標はあるだろうか。カッシーラーによると，彼らはまったく異なる性格をもつだけでなく，むしろ対立し合うようにも思われる。ところが文化の概念にとって肝心なことは，彼らの「方向性」が一致していることである。つまり彼らは，その時代の問題を中世とは異なる「意味」で理解し，共通の世界観を有するがゆえに共通の課題へと取り組み，その時代の「精神」と呼ばれるものの構築に寄与したのである。カッシーラーは，「人文学のすべての真正な様式概念は，いっそう厳密に分析すると，そのような意味概念へと還元される」[8]と述べている。このように，それぞれに固有な「意味」を捉えることこそ，文化の概念におけるもっとも重要な機能の一つである。

　では，そのような文化の概念は自然の概念とどのような相

208

3 文化の概念と自然の概念

違を示すであろうか。自然の概念は対象を観察し，それをありのままに記述しようとする。それは物体の落下という単純な現象から万有引力の法則を発見し，それをはるか彼方の宇宙にまで拡大する。これによって自然科学は「遠方の支配者」となる。そうした普遍的形式は自然科学にのみ開示されるが，文化の内実を正当に理解するためにはそうした方法ではなく，人文学に相応しい概念をもって接近しなければならない。この点をカッシーラーは次のように述べている。

　　人文学の対象は世界そのものではなく，むしろそれの個別的な領域に過ぎず，それは純粋に空間的な観点からは微細なものとして現れる。しかしながら人文学が人間の世界に立ち止まり，地上の実在という窮屈な限界内に囚われてはいるが，それにあてがわれたこの範囲を完全に踏破すべくそれだけいっそう努力する。それの目的は法則の普遍性ではないが，それと同様に事象や現象の個別性でもない。人文学はそれら両者に対して固有な認識理念を打ち立てる。それが認識しようとするものは，人間の生活がそのなかで行われる諸形式の全体性である[9]。

　人間の文化はその発展に応じて多様性を増すように思われるが，それらは決して統一した構造を欠いていない。なぜならそれは，上述したように特定の主観だけによって構成されるものではないからである。それゆえカッシーラーは，「わたしたちが何度も繰り返し幾千もの顕現や幾千もの仮面の下で出会うのは，結局のところ〈同じ〉人間」であると言う[10]。それはまさに人間の「本質」であって，どれほど医学や生物学が発達しようともそれらに開示されることがないも

209

のである。それは時間や空間に束縛されることはない。たとえば自然科学者である地質学者はわたしたちにその土地がかつてどのようであったかを教え，古生物学者は絶滅した生物がどのような生態をもっていたのかを教えることができる。しかしながら彼らは，それらがかつて本当に在った場所で，本当に在ったように復元できるわけではない。ところが人文学である「歴史」は，わたしたちが過ぎ去った生命を理解できるようにする。そのように文化を「再生」可能にすることこそ，歴史が果たすべき本来的な役割であると言われている[11]。歴史は文書や記念碑といった，物理的な素材をともなって保存されているが，わたしたちがそれらをシンボルとして理解することによって，それらは自然の概念ではなく文化の概念の対象となる。そのときに初めて単なる素材や年代記であったものが，芸術となり，また歴史となるのである。

4　テーヌの美学：その方法論

　第三論考 II では，フランスの美学者イポリット・テーヌ (Hippolyte Taine, 1828-93) による，ルーベンスの名画『ケルメス（村祭り）』を例とした議論が考察されている。それは，フランドル地方の人々の大喰らいや不品行な姿を描いた作品であるが，ここではその題材がいったいどこに由来するのかが問題となる[12]。テーヌは人文学を自然科学へと還元し，人間の文化現象を物理的な要素から導出しようとした。そのような試みはある程度まではうまくいくかもしれないが，それが貫徹され得ないことは言うまでもない。或る風景が陰鬱であるか，または快活であるかは自然科学の基準で推し量れるものではないので，カッシーラーによると，テーヌは具体的

210

4 テーヌの美学：その方法論

な問題に接近するにつれて次第に「人相学的に」語りはじめる。それゆえテーヌは最初に自分の打ち立てたテーゼに忠実であろうと努力はするものの，議論が進むにつれてそれとは正反対の立場へと移っている。ところがカッシーラーは，むしろこうしたテーヌの方法論的な逆行や矛盾に価値を見出す[13]。というのも，自然科学は対象を一般化するため，それは論理学的な型となってしまう。ところがそれに「個人」の表情が加わることによって，はじめて個別と普遍が浸透し合う可能性が拓けるからである。テーヌも個人を通して知識を得ることの重要性を強調しているが，たとえばわたしたちが17世紀のフランドルに対してもつイメージはどこから得られたものであろうか。それは自然科学的な観察や推論にもとづくものでも，資料として記述されたものでもない。テーヌによると，現在のわたしたちが見るのと同じようにフランドルを見た最初の人はルーベンスであった。わたしたちがフランドルの村々を巡ってその祭りを観察してみても，『ケルメス』に描かれた人々に出会うことはない。つまり彼はそうした人々の像を，彼自身の魂から汲みだしたのであって，それがわたしたちのなかで二度と消すことのできない刻印となったのである。それは無数の個別的な観察から得られた人間の集合像でも平均像でもない。ルーベンスが描いたものは人々の「本質」であり，テーヌはそれを「或る顕著な特質」または「或る重要な見方」と呼んでいる[14]。その「本質」を本質的ではないものから区別できるのは芸術家の直観だけである。このことは現代の芸術である写真を例に考えると容易に理解される。写真は実際にそこに「実在する」ものを写し取るのであるから，誰の眼にもそれが「見えている」はずである。ところが美的直観にしたがって撮影された写真は，そ

211

解　説

うではないものに比べて大きな違いを生むであろう。写真家によって被写体の「本質」が浮き彫りにされ，本質的ではないものから区別されるからである。カッシーラーが他の箇所で，「言語と科学は現実の簡略化であるのに対して，芸術は現実の強化である」[15]と述べているのは，そうした意味においてである。

　このような考えかたから，カッシーラーはテーヌの思想を一つの観念論的美学として，つまりは「シンボル形式」としての芸術を理解するための方法論的な指針と見なしている。テーヌがルーベンスの例を用いて間接的に明らかにしたように，わたしたちは「本質的なもの」を自然の概念によってではなく，偉大な芸術家たちの直観を通してその「意味」を理解する。現在のわたしたちが「見ている」世界が芸術家の直観を通して刻印されたものであるとすれば，わたしたちがその世界について述べる際に拠り所とすべきものは現実そのものではなく，その芸術家の直観であろう。カッシーラーはこうした論理の逆転の結果を次のように述べている。「人が自分自身に或る自然の像を形作り，それが特定の根本的な特徴において芸術そのものに由来し，そしてその芸術から認証を得た後では，人が自然から芸術を〈導き出す〉ことができるという，このような考察が逆転することはなんら不思議ではない」[16]と。

　こうした逆転は芸術以外の他の人文学においても同様であって，自然科学が対象とするものはわたしたちの目の前にあり，物理学的，化学的，生物学的な概念によって規定される。ところが文化的な対象はわたしたちの背後に横たわっていて，文化は絶えず新たな言語的，芸術的，宗教的シンボルを生み出し続けている。自然科学的な概念がそれらに接近

212

し，理解可能なものとするためにはそれらの構成要素を細断
してそれぞれ別個に取り扱わざるを得ない。人文学はそれを
人間の「全体像」がもとづくべき一つの根拠，シンボルとし
てそれに隠された内実と，それらが由来する生命を読み取ろ
うとする。それこそが文化の概念がもつ特殊な働きである。

5　文化の「悲劇」

　第五論考は，「〈文化の悲劇〉について」と題されている。
この「文化の悲劇」という表現はゲオルク・ジンメル (Georg
Simmel, 1858 -1918) が用いたことで知られており，ここで
はその議論が考察されている。わたしたちは「文化」のなか
で生きており，それは普段の生活でも不可欠ではあるが，そ
れは必ずしもわたしたちに「幸福」を約束するものではな
い。というのも，わたしたちは「文化」（または「文明」）の
なかで生活することによって，その瞬間の実際的欲求を満た
すことだけでは満足せず，さらにその先にある可能的な欲求
を満たそうとする[17]。しかしながらそれが完全に満たされる
ことは決してないので，多かれ少なかれその苦悩に苛まれざ
るを得ない。それは文化的業績に関しても同じであって，ジ
ンメルは文化を生み出す主観と，生み出された作品（客観）
との間に強烈な対立関係を看取する。より良いもの，より
美しいもの，より完全なものへ高まろうとする人間の傾向
は，決して彼の欲求を充溢することがない。ジンメルにとっ
て文化は弁証法的な構造を示すドラマであって，その発展過
程で生み出された文化はそれ以前のものを壊してしまう。そ
れゆえ「真に生産的な精神は，それらの業績のなかにすべて
の情熱を吹き込むが，まさにこの情熱こそが常に新たな苦悩

解　説

の源泉となる」[18]。ここでは一方で文化を生み出す創造的な
生命と，他方で「客観的な価値」に妥当する理念が対峙して
いる。「休むことがなく時間的に有限な主観的生命と，ひと
たび生み出されると不動であるが無時間的に妥当するその生
命の内容との間での対立」[19]には調和があり得ないどころか，
まったく浸透し合うこともない。ジンメルにはこうした二元
論は解決不可能であると思われた。

　カッシーラーは確かにこうした主観と客観を断絶させる文
化の「悲劇」は否定されないし，看過されるべきではないと
言う。ところが彼はそこで絶望するのではなく，このドラマ
を最後まで辿っていく。そうすると，そこでわたしたちが出
会うのは生命を奪われた作品や業績ではない。わたしたちが
そこで出会うのは「汝」，つまり他の主観である。偉大な芸
術作品であれ，哲学の著作であれ，それを生み出したものに
とってそれは，硬直した所産とならざるを得ないが，それを
受け取る側にとってはそうではない。それらの業績を受け取
るものは，それらを作り出したものと同じ視点でそれらを見
るのではないので，それらは両者の間を渡す橋となる。カッ
シーラーは主観と客観が二元論的に分断される「悲劇」に
とっての有効な解決策をこの点に見出している。つまり，文
化的業績によるこの橋渡しの働きゆえにそれらは硬直するの
ではなく，絶えず他の主観によって習得され，また新たに作
り出されることによって存続するのである。それが間主観的
に構成される文化の機能であって，カッシーラーにとっては
それがあたかも絶対的で完成されたものであるかのように扱
われることによって，その運動を停止させてしまうことが真
の「文化の悲劇」である。したがって文化は主観が生み出し
た客観として，静的に対峙するものではなく，或る主観から

5 文化の「悲劇」

他の主観へと伝達され，そこで刷新されてまたその他の主観へと伝達されるというダイナミズムにおいて理解されねばならない。そうであるからこそ，運動を停止させて法則を導き出そうとする自然の概念では文化を捉えることができないのである。当然のことながらこうした人間文化のドラマ（運動）は予定調和的にあらかじめ決められた道を進むわけではないので，必ずしも穏やかな過程を歩むわけではない。ところが「刷新は持続するものでのみ遂行され得るし，また，持続するものは絶えざる自己刷新によってのみ存続できる」[20]とカッシーラーが言うように，彼はそのせめぎあいにおいて，どちらか一方に加担することによってではなく，それらが相互に対極的な構造をもつものとして捉えるところに特徴がある。それは精神と生命の関係についても同様であって，どちらか一方が顕著になると他方が後方に退き，また，その反対も同様である。したがって彼にとっては，文化がその運動をやめない限りまったくの「悲劇」と成り果てることはない。それは刷新と持続という二つの対極のせめぎ合いのなかで動きつづけるが，それによってそれらは互いを破壊するのではなく，むしろ成長させるのだと彼は言う。「その運動は何度も繰り返し，それが形成したものと衝突するとしても，それによって崩れさることはない。その運動は自分自身が新たな努力を強要され，それへと駆り立てられるのを目の当たりにするだけであって，そのなかに新しい未知の力を発見する」[21]。

　そのような文化の発展（運動）の過程は，自然のそれとは異なると指摘されている。まず，自然の概念においては個々の存在はほとんど意味をもたない。たとえば「進化」に関して言えば，或る個体に生じた後天的な変異はその個体にのみ

215

関係するものであって，それが種や類全体に影響することはない。ところが「シンボル形式」を有する人間にとって，文化的形象の発展はそれと同様ではない。人間では個人が感じ取り，考えたことはその個人のなかで閉ざされたままではない。それが「精神の表現」として客観化されると，それは純粋に個人的な感情や意志ではなく，「もしもそれと同類で敏感な主体に出会ったならば，その素材の覆いから解き放たれ，新たな作用へと呼び覚ますことができる」[22]。つまりそれは，自然の世界でのそれとは異なり，すでに文化の全体へと織り込まれている。そうすると，間主観的世界である文化は自然なものと同じ意味で失われることがない。つまり，言語，詩，造形芸術，そして宗教が生み出したモニュメントは，火災や水害，または経年劣化という物理的な意味でその素材が失われるとしても，それによってそのすべてが消失するわけではない。カッシーラーはそれを「見えない糸」に喩えていて，個々の精神は文化の全体へと織り込まれているのであるから，それは何らかの仕方でその全体に影響する。したがって文化の継承・発展は，新たな「形成」を意味しており，それは自然界で生じる「変形」と同じではない。それは決してとどまることのない主観と主観の間で生じる相互的な過程である。それゆえ彼にとって文化は，わたしたちがそのなかで生き，それに参与することによって，絶えず繰り返されるその形態化を何らかの仕方で担うものである。

　21世紀の今日では，このような議論は主観と主観の間で生じる間主観的な問題としてだけでなく，或る文化と他の文化の間で生じる「間文化的な」問題としても考察されねばならないであろう。なぜなら同一の文化のうちに生きる人間の間での継承・発展であれば，その文化が存続するための「健

全な」弁証法的運動として理解することができるが，それが
異なる文化の間で生じるとまったく異なる様相を呈するから
である。たとえば文化Aと文化Bが衝突し，文化Bが否定
されたとすれば，それは明らかに文化Bにとっての「悲劇」
である。したがって現代における文化の問題は，他の文化と
の共存（または「共生」）を前提したうえでの運動でなけれ
ばならず，文化のドラマをさらに俯瞰的な視点から考察する
ことが文化哲学にとっての課題となるであろう。

おわりに：人文学の論理と現代の問題

　本解説の冒頭で述べたように，カッシーラーが本書を著し
たのは彼とその家族，ユダヤ人全体にとってかつてないほど
に厳しく不幸な時代であった。彼が文化現象に自然科学とは
異なる独自な論理を認め，本書の中心で改めてそれを擁護し
なければならなかったこと，また，最後の論考で文化を人
間の「悲劇」としないための考え方が提示されていること
に，本書での彼の意図が暗示されているように思われる。彼
にとっては伝統として受け継がれる文化の刷新か持続か，そ
のどちらか一方に振り切れてしまうことこそが悲劇の始まり
であって，その運動は止ることがないし，止めることもでき
ない。ここでは主観と客観をめぐる「悲劇」が議論されてい
るが，それは広く実際の社会状況についても妥当するであろ
う。たとえば近年では人工知能 (AI) の進歩によって，わた
したち人間が担っている仕事の多くが今後それに代替され
るとも言われている。そうすると，必然的に失業が生じる
ので，AI の進歩は必ずしもわたしたちに幸福を約束するも
のではない。では，AI の存在はわたしたちにとって「悲劇」

解　説

となるだろうか。ここで AI が用いる概念（または論理）を本書のコンテキストで考えてみると，それはあらゆる対象・事象を数学に還元できるものを通して把握することに何ら疑いはない。たとえそれが人間の表情からいくつかの感情のパターンを認識することに成功するとしても，依然としてその表情が「意味」するものは背後に隠れたままである。つまりそれは，目の前にいる人間を決して一つの主観（人格）としては理解しないし，自分自身を主観として認識することもない。そうすると，どれほど AI の思考（演算）能力が高度になろうとも，主観と主観が相互に協働することによってはじめて構築される「文化」には到達できないので，それは人文学の論理をもつことができない。AI は自然科学の論理から生まれ，自然科学の論理を決して逸脱しない。ところが人間はそうではない。人間は人文学の論理のうちに生まれ，その発展のなかで次第に自然科学の論理を獲得していくが，それでも人文学の論理を完全に放棄していない。わたしたちが『モナ・リザ』をその画材の価値から評価することはないし，『サン・ピエトロのピエタ』が彫られた大理石がどれほど貴重なものであるかは，それの芸術的価値に比べればさほど重要ではないからである。本書でカッシーラーが説く人文学の論理は，どれほど自然科学が発達しようとも文化のうちに生きる人間に認められるべき「特殊な機能」である。ここに，シェーラーが立てた「哲学的人間学」の問いに対するカッシーラーの答えがあると言えるだろう。

訳者あとがき

　本書は著者カッシーラーによる「シンボル形式」に関する研究の一つであるが，とりわけ「歴史」と「芸術」に大きく光があてられていることがその特徴であろう。というのも，たとえば「芸術」はことあるごとに代表的な「シンボル形式」の一つに数えられているにもかかわらず，『シンボル形式の哲学』では主題として扱われることがなかったからである。それゆえ本書は，「シンボル形式」としての「芸術」と「歴史」が改めて論じられる最晩年の『人間』と合わせて，彼の文化哲学の到達点となっている。

　「訳者解説」のなかでも触れたが，本訳書の表題では「科学」という言葉を避けて，「人文科学」ではなくあえて「人文学」を用いることにした。すでに『人文科学の論理』（中村正雄訳，創文社，1975）として広く知られているものに異なるタイトルをつけることには多少なりとも抵抗は感じたが，同書が出版されてからすでに40年以上もの歳月が流れ，その版元も間もなく幕を下ろすことが発表されている。そうしたなかで，21世紀の現在この学問領域に関心をもつ読者に，また，平成が終わり次の時代にこれを学ぼうとする日本の読者に，可能な限り理解しやすい形で本書が読み継がれて欲しいとの願いから，新たな表題のもとで翻訳することにした。また，各論考につけた数字での区切りとそれぞれの見出しも，それと同様の意図から訳者が付け加えたものである。著者が用いた区切りは第一論考と第三論考に登場するローマ数字のIとIIだけで，それらにアウトラインとして見出し

219

訳者あとがき

がついているわけでもない。そのため基本的には著者が内容を細かく区切って論じているわけではないので，必ずしも訳者がつけた見出し文と内容が一致しているわけではないかもしれないが，本書を読み進めるにあたって少しでも益があれば幸いである。

訳出にあたっては，上述の中村正雄氏による『人文科学の論理』や，S. G. Lofts による英訳書 The Logic of the Cultural Science も参照した。また，本書ではさまざまな分野の著者からの引用があるが，今日ではそれらの多くがすでに邦訳されているため訳出に際してそのまま利用させてもらったものや，参考にさせていただいたものもある。それらを参照した際にはそれぞれ注のなかで出典を明記した。それらすべての優れた先達による研究業績に敬意を表したい。そして恩師である金子晴勇先生は拙い訳文を丁寧に閲読してくださり，細やかなご指導を頂いた。また，ギリシア語の訳出に際しては片柳榮一先生に助けて頂いた。お二人の先生方に心より感謝の意を表したい。また，訳者をいつも傍で支えてくれる家族，とりわけ妻に改めて感謝を述べたい。

この翻訳にとりかかってから思いのほか時間がかかってしまったが，この度も出版の機会を与えて頂いた知泉書館の小山光夫社長に御礼を申し上げる。

2018 年 10 月 25 日

齊 藤 　 伸

注

第 1 論考：人文学の対象

1） さらなる詳細は，拙著 *Philosophie der symbolischen Formen. Zweiter Teil: Das mythische Denken*, Berlin 1925, S. 142ff. [ECW 12, S. 132ff]（『シンボル形式の哲学（二）』木田元訳，岩波書店，1991 年，225 頁）

2） Vgl. Kurt Breysig, *Die Entstehung des Gottesgedankens und der Heilbringer*, Berlin, 1905.

3） Vgl. Jakob Spieth, *Die Religion der Eweer in Süd-Togo*, Leipzig, 1911 (Religions-Urkunden der Völker, Abt. 4, Bd. 2)，S. 8.

4） Vgl. Alexandre Moret, *Mystères Egyptiens*, Paris 1913, S. 132ff.

5） わたしはデソワールが編纂した哲学便覧における古代ギリシア哲学に関する叙述で，この見解についていっそう詳細に説明をしている。Die Philosphie der Griechen von den Anfängen bis Platon, in: *Lehrbuch der Philosophie*, hrsg. V. Max Dessoir, Bd. I: Die Geschichte der Philosophie, Berlin, 1925, S. 7-138 [ECW 16, S. 313-467]. ここではまた，著者による小論 Logos, Dike, Kosmos in der Entwicklung der griechischen Philosophie, in: Göteborgs högskolas årsskrift 47(1940:6), S. 1-31[ECW 16, S. 7-35] も参照されたい。

6） [Parmenides, Fragm. 8, zit. Nach: Hermann Diels, Die Fragmente der Vorsokratiker. Griechisch und deutsch, Bd. I, Berlin, 1906, S. 121.]

7） [Johann Georg Hamann, Aesthetica in nuce. Eine Rhapsodie in Kabbalistischer Prose, in: Schriften, hrsg. v. Friedrich Roth, Bd. II, Berlin 1821, S. 255-308: S.258.]

8） わたしはここでの考察においてこれらの事情を短く提示すべく試みたにすぎない。それゆえいっそう詳細な証明については，拙論「言語と対象世界の構築」Le langage et la construction du monde des objects in: *Journal de psychologie normale et pathologique* 30 (1930)〔ECW 18, S. 265-29〕での立ち入った議論を参照されたい。

9） [Heraklit, Fragm. 60, zit. nach: Hermann Diels, Die Fragmente der Vorsokratiker. Griechisch und deutsch, Bd. I, Berlin, 1906, S. 70.]

10） [David Hilbert, Axiomatisches Denken, in: Mathematische Annalen

注

78 (1918), S. 405-415: S. 407.]

11) この点についてはとりわけ Adolf Hildebrand, *Das Problem der Form in der bilden Kunst*, Straßburg, 1893. を参照。

12) [Immanuel Kant, Kritik der reinen Vernunft, hrsg. v. Albert Görland (Werke, in Gemeinschaft mit Hermann Cohen u.a. hrsg. v. Ernst Cassirer, 11 Bde., Berlin 1912-1921, Bd. III)]S. 15 (B XI).]

13) ここでの哲学の本質と課題に関してここで述べられた解釈は, 拙著『シンボル形式の哲学』第一巻の序論のなかで詳細に叙述され, 基礎づけられている。*Philosophie der symbolischen Formen*, Erster Teil: Die Sprache, Berlin, 1923, S. 1ff. [ECW 11, S.1ff.] (『シンボル形式の哲学（一）』生松敬三・木田元訳, 岩波書店, 1989 年, 19 頁以下）

14) シュライヒャーの理論に関して更なる詳細については, *Philosophie der symbolischen Formen*, Erster Teil, S. 106ff. 〔ECW 11, S. 1006ff.〕(『シンボル形式の哲学（一）』185 頁以下) を参照。

15) Jakob von Uexküll, *Die Lebenslehre*, Potsdam/Zürich, 1930 (Das Bücher des lebendigen Wissens, Bd. 13), S. 19.

16) Jakob von Uexküll, *Theoretische Biologie*, Berlin, 1920, および *Die Lebenslehre* 参照。

17) [Jakob von Uexküll, *Die Lebenslehre*, S. 9.]

18) Jakob von Uexküll, *Theoretische Biologie* および *Die Lebenslehre* 参照。

19) Jakob von Uexküll, *Umwelt und Innenwelt der Tier*, 2., verm. U. verb. Aufl., Berlin,m 1921.

20) バークリーの言語批判については *Philosophie der symbolischen Formen*, Erster Teil, S. 76ff. を参照されたい。(『人知原理論』大槻春彦訳, 岩波書店, 1958 年, 40 頁)

21) これについては *Philosophie der symbolischen Formen*, Erster Teil (Einleitung), S. 1ff. (ECW 11, S.1ff.) を参照されたい。

22) [Johann Wolfgang Goethe, Faust. Eine Tragödie. Zweiter Teil, (Werke, 1. Abt., Bd. XV/I) S. 7.] (『ファウスト　第二部』相良守峯訳, 岩波書店, 1958 年, 14 頁)

23) [Ders., Torquato Tasso. Ein Schauspiel, in Werke, 1. Abt., Bd. X, S. 103-244: S. 243.]

注

第2論考：事物の知覚と表情の知覚

1) [Kant, Kritik der reinen Vernunft, S. 14 (BIX).]

2) Ernst Troeltsch, *Der Historismus und seine Probleme. Das logische Problem der Geschichtsphilosophie* (Gesammelte Schriften, Bd. III), Tübingen 1922.

3) Vgl. Hermann Paul, Prinsipien der Sprachgeschichte, Halle a. d. S. 1898, S. 1ff.（1頁以下）

4) Karl Vossler, Geist und kultur in der Sprache, Heidelberg 1925, S. 5f.

5) この点については拙著 *Sprache und Mythos. Ein Beitrag zum Problem der Götternamen*, Leipzig/ Berlin 1925（『言語と神話』岡三郎・岡富美子訳，国文社，1972年）を参照されたい。

6) この点については Rudolf Carnap, *Scheinprobleme in der philosophie. Das Fremdpsychische und Realismusstreit,* Berlin 1928 を参照されたい。

7) Rudolf Carnap, "Die physikalische Sprache als Universalsprache der Wissenschaft," in *Erkenntnis* 2 (1932): 441ff.

8) この点については *Philosophie der symbolischen Formen*. Dritter Teil, Berlin 1929, S. 95.ff. [ECW 13, S. 90ff.]（『シンボル形式の哲学（三）』木田元・村岡晋一訳，岩波書店，1994年，162頁以下）を参照。

9) Kant, *Kritik der reinen Vernunft*, S.30 (BXXXVIII Anm.)（『純粋理性批判』熊野純彦訳，作品社，2012年，31頁）

10) Arthur Schopenhauer, *Die Welt als Wille und Vorstellung* (2. Buch, §19), Bd. II.（『意志と表象としての世界』西尾幹二訳，中央公論社，1975年，254頁）

11) この点については *Philosophie der symbolischen Formen*. Dritter Teil, S. 74.ff. [ECW 13, S. 69ff.（『シンボル形式の哲学（三）』木田元・村岡晋一訳，岩波書店，1994年，132頁以下）を参照。

12) いっそうの詳細は拙論 *Le langage et la construction du monde* を参照されたい。

13) [Rene Descartes, Discourse de la méthode. Pour bien conduire sa raison et chercher la vérité dans les sciences, in: (Œuvres, hrsg. v. Charles Adam u. Paul Tannery, Bd. VI, Paris 1902, S. 1-78: S. 62.]

14) シュレーディンガーによる興味深い論文のなかで，物理学の世界像においてもこの「人格」の分断は完全にはなされず，むし

223

注

ろそれは自然科学的手法の限定概念としてのみ見なされ得ること
が明らかにされている。Quelques remarques au sujet des bases de la
connaissance scientifique, Schientia 57 (March 1935): 181-91.

15） Gustav Theodor Fechner, *Nanna oder Über das Seelenleben der
Pflanzen*, Hamburg/ Leipzig 1908, S. 10.

16） Vgl. Jacques Loeb, *Vorlesungen über die Dynamik der
Lebenserscheinungen*, Leipzig 1906.

17） William James, "Does Consciousness exist?" in *Essays in Radical
Empiricism*, (New York: Longmans, Green, 1912), pp. 36ff. （『純粋経
験の哲学』伊藤邦武訳，岩波書店，2004 年，44 頁）
ま た，Bertrand Russell, *The Analysis of Mind* (New York: Macmillan,
1921) （『心の分析』竹尾治一郎訳，勁草書房，1993 年）も参照さ
れたい。

18） [William James, *Does Consciousness exist?* p. 3.] (11 頁）

19） Russell, *The Analysis of Mind*, pp. 26-27. (23 頁）

20） [Friedrich Schiller, Sprache]

21） [Platon, Theaitetos 189 E]

22） Voßler, Geist und Kultur in der Sprache (Kap. 2: Sprechen,
Gespräch und Sprache), S. 12f.

23） [Johann Wolfgang von Goethe, Die Wahlverwandtschaften. Ein
Roman (Werke, 1. Abt., Bd. XX), S. 262.]（『ゲーテ全集 7』「親和力」
望月市恵訳，人文書院，1960 年，258 頁）

24） [Aurelius Augustinus, Soliloquiorum Libri II]

第 3 論考：自然の概念と文化の概念

1） こ の 点 に 関 し て 詳 細 は *Philosophie der symbolischen Formen*,
Erster Teil, S 264. [ECW 11, S. 269ff.]（『シンボル形式の哲学（一）』
432 頁以下）を参照されたい。

2） [Heinrich Wölfflin, Kunstgeschichtliche Grundbegriff. Das Problem
der Stilentwickelung in der neueren Kunst, München 1915, S. VI.]（『美
術史の基礎概念』海津忠雄訳，慶應義塾大学出版会，2000 年，ii）

3） A. a. O., S. 35. （48 頁）

4） A. a. O., S. 31. （43 頁）

5） A. a. O., S. 243. （337 頁）

6） A. a. O., S. 13. （18 頁）

7） A. a. O., S. 23. （33 頁）

注

8) A. a. O., S. 237.（330 頁）

9) A. a. O., S. V.

10) A. a. O., S. 251.（346 頁）

11) A. a. O., S. 237.（329 頁）

12) Vgl. Wilhelm von Humboldt, Einleitung zum Kawi-Werk (Akad. Ausgabe), VII., S. 252ff. (『言語と精神』亀山健吉訳，法政大学出版局，1984 年，388 頁以下）

13) Wölfflin, Kunstgeschichtliche Grundbegriff, S. 20 u. 30. (29-30, 43 頁）

14) [Hermann Paul, Prinzipien der Sprachgeschichte. S. 1, 12 Anm.] (『言語史原理』福本喜之助訳，講談社，1965 年，1 頁以下）

15) Vgl. Theodor Lipps, Grundzüge der Logik, Hamburg/ Leipzig 1893, S. 1 ff.

16) Vgl. Edmund Husserl, Logische Untersuchungen, Teil 1: Prolegomena zur reinen Logik (Kap. 8)

17) Karl Bühler, Sprachtheorie. Die Darstellungsfunktion der Sprache, Jena 1934, S. 58ff.（『言語理論——言語の叙述機能（上）』脇坂豊訳，クロノス，1983 年，70 頁）

18) A. a. O., S. 6.（7 頁）

19) この点に関して，たとえば Clara Stern/ William Stern, Die Kindersprache. Eine psychologische und sprachtheoretische Untersuchung (Monographien über die seelische Entwicklung des Kindes, Bd. I) (Kap. 12-15), 2., um ein Nachw. U. Eine Beobachtungsanleitung erw. Aufl., Leipzig 1920, S. 157ff. を参照。

20) Géza Révész, Die menschlichen Kommunikationsformen und die sog. Tiersprache, in Nederl. Akademie van Wetenschappen: Proceedings of the Section of Sciences 43 (1940), S. 1230-1241, 1322-1331 und 44 (1941), S. 109-118.

21) [A. a. O., S. 1237f.]

22) [Kant, Kritik der reinen Vernunft, S. 16 (B XIII f.)]（『純粋理性批判』熊野純彦訳，作品社，2012 年，13 頁）

23) [Johann Wolfgang von Goethe, Maximen und Reflexion über Literatur und Ethik. Aus Kunst und Alterthum, in: Werke, 1. Abt., Bd. XLII/ 2, S. 111-164: S. 131]（『ゲーテ全集 11』「ゲーテ格言集」大山定一訳，人文書院，1961 年，135 頁）

24) Ernst Walser, Studien zur Weltanschauung der Renaissance,

注

Basel 1920. 現在は Gesammelte Studien zur Geistesgeschichte der Renaissance. (Basel, 1932, S. 96-128: S. 102) に所収。

25) Vgl. Alois Rigl, Stilfragen. Grundlegungen zu einer Geschichte der Ornamentik, Berlin 1893. Spätrömische Kunst-industrie nach den Funden in Österreich-Ungarn im Zusammenhange met der Gesamtenwicklung der bildenden Künste bei den Mittelmeervölkern, Bd. I, Wien 1901.

26) [Johann Wolfgang von Goethe, Gingo Biloba, in : West-östlicher Divan (Werke, 1 Abt., Bd. VI), S. 152.] (『ゲーテ全集 1』「いちょうの葉」大山定一訳，人文書院，1960 年，334 頁)

27) この点についてさらに詳しくは，拙論 Le concept de groupe et la théorie de la perception, in: *Journalde psychologie normale et pathologique* 35 (1938), S. 368-414 を参照されたい。

28) [Baruch de Spinoza Ethica ordine geometrico demonstrate (Teil 2, Lehrsatz 49, Ahm) "veluti picturas in tabula mutas" (『エチカ（上）』畠中尚志訳，岩波書店，1975 年，156 頁)]

29) [Leopold von Ranke, Gechichten der romanischen unde germanischen Völker von 1494 bis 1514, Leipzig 1877, S. VII.]

30) Hippolyte Taine, Philosophie de l' art (1, Teil, Kap. 1 §1), Paris/ London/ New York 1865, S. 21f. (『芸術哲学』廣瀬哲士訳，東京堂，1942 年，17 頁以下。この著作からの引用文はすべて文脈に相応しい表現となるように改訳した)

31) Hippolyte Taine, Historie de la literature anglaise (Einleitung), Bd. I, 8., überarb. Aufl., Paris 1892, S. XVII.

32) この問いについては，拙論 Naturalistische und humanistische Begründung der Kulturphilosophie, Göteborg 1939 を参照されたい。

33) Hippolyte Taine, Historie de la literature anglaise (Einleitung), S. V.

34) Taine, *Philosophie de l' art*. (Teil 1, Kap. 1 §5), S. 49-51. (39 頁以下)

35) A. a. O., S. 57f. (45 頁)

36) このことは，テーヌが原則的には「模倣説」の土壌にまったく留まっているだけにいっそう奇妙である。彼は詩と絵画あるいは彫刻だけでなく，建築や音楽をも「模倣的芸術」であると説明しようとするが，その際に彼は当然のことながら或る非常に作為的で強引な構造に頼らざるを得ない。

37) [Johann Wolfgang von Goethe, Das Göttliche, in: Werke, 1. Abt,

注

Bd. II, S. 83-85: S. 84.]（『ゲーテ全集 1』「神性」高安国世訳，人文書院，1960 年，82 頁）

38） [Goethe, Faust. Erster Teil, S. 13]（『ファウスト』相良守峯訳，岩波書店，1958 年，11 頁）

39） [Immanuel Kant, Prolegomena zu einer jeden künftigen Metaphysik die als Wissenschaft wird auftreten können,in Werke, Bd. IV, hrsg. v. Artur Buchenau u. Ernst Cassirer, S. 1-139: S. 64. また，Kritik der reinen Vernunft, S. 257 (B 370f.)]（『プロレゴメナ』篠田英雄訳，岩波書店，1979 年，129 頁および『純粋理性批判』前掲訳書，357 頁）

第 4 論考：形式の問題と因果の問題

1） Platon, Theaitetos 183 E.

2） [Thomas Hobbes, Elementorum philosophiae section prima de corpore (Teil 1, Kap. 1, §2)]（『哲学原論』伊藤宏之・渡部秀和訳，柏書房，2012 年，22 頁）

3） [Kant, Kritik der reinen Vernunft, S. 15 (B XI)]（12 頁）

4） Hermann Weyl, Was ist Materie? in: ders., Was ist Materie? Zwei Aufsätze zur Naturphilosophie, Berlin 1924, S. 1-59 u. 77-84: S. 35f.

5） Vgl. Hans Driesch, Die 'Seele' als elementarer Naturfaktor. Studien über die Bewegungen der Organismen, Leipzig 1903.

6） [A. a. O., S. 11.]

7） Ludwig von Bertalanffy, Theoretische Biologie, Bd. I: Allgemeine Theorie, Physikochemie, Aufbau und Entwicklung des Organismus, Berlin 1932.

8） 生物学的認識の理想に関するこの叙述において，ベルタランフィはまずもってジョン・スコット・ホールデンの *The New Physiology. And Other Essays*, London 1919 と，アドルフ・マイヤーの *Ideen und Ideale der biologischen Erkenntnis. Beiträge zur Theorie und Geschichte der biologischen Ideologien*, Leipzig 1934 を参照している。

9） この点については Georges Le Roy, La psychologie de Condellac, Paris 1937. を参照。

10） 更なる詳細については拙著 Die Philosophie der Aufklärung, Tübingen 1932, S. 21ff. を参照されたい。（『啓蒙主義の哲学』中野好之訳，紀伊国屋書店，1962 年，20 頁以下）

227

注

11） Johann Wolfgang von Goethe zu Johann Peter Eckermann, 18.
Februar 1829, in: Goethes Gespräche. Gesamtausgabe, unter Mitw.
von Max Morris u.a. neu hrsg. v. Flodoard von Biedermann, Bd. IV,
Leipzig 1910, S. 72f.（『ゲーテとの対話（下）』山下肇訳, 岩波書店,
1976 年, 69 頁）

12） [Platon, Philebos D.（『ピレボス』山田道夫訳, 京都大学学術出
版会, 2005 年, 47 頁）]

13） 本書○頁を参照。

14） Hugo de Vries, Die Mutationstheorie. Versuche und Beobachtungen
über die Entstehung von Arten im Pflanzenreich, Bd. I: Die Entstehung
der Arten durch Mutation, Leipzig 1901, S. 3.

第 5 論考：「文化の悲劇」について

1） Georg Simmel, Der Begriff und die Tragödie der Kultur, in: ders.,
Philosopische Kultur. Gesammelte Essais, Leipzig 1911, S. 251ff.
265ff.（『ジンメル著作集 7』「文化の哲学」, 円子修平・大久保健
治訳, 白水社, 2004 年, 260, 274, 282 頁。この著作からの引用
文はすべて文脈に相応しい表現となるように改訳した）

2） [A. a. O., S. 245.]（253 頁以下）

3） Jacob Burckhardt, Geschichte der Renaissance in Italien (Geschichte
der neueren Baukunst, Bd. 1)1904, S. 42.

4） [Johann Wolfgang von Goethe, Urworte. Orphisch, in: Werke, 1.
Abt., Bd. III, S. 95f.]

5） [Ders., Eins und Alles, in: Werke, 1. Abt., Bd. III, S. 81, sowie in:
Werke, 2. Abt., Bd. XI, S. 265f: S.265.]

6） Hobbes, Elementorum philosophiae section prima de corpose (Teil 1,
kap. 3, §7), S. 20.（『哲学原論』57 頁以下）

7） Vgl. Paul, Prinzipien der Sprachgeschichte (Kap. 1), S. 21ff.（26 頁
以下）

8） [Johann Wolfgang von Goethe, Epigramme. Venedig 1790, in Werke
1, Abt., Bd. I, S. 305-331: S. 314.]『ゲーテ全集 1』「ヴェネツィアの
エピグラム 1790 年」高辻知義訳, 潮出版, 1979 年, 161 頁。

9） Gottfried Semper, Die textile Kunst für sich betrachtet und in
Beziehung zur Baukunst (Der Stil in den technischen und tektonischen
Künsten oder Praktische Ästhetik. Ein Handbuch für Techniker,
Künstler und Kunstfreunde, Bd. I), 2., durchges. Aufl., München 1878,

注

S. 6.

10) とりわけ Aby Warburg, Die Erneuerung der heidnischen Antike. Kulturwissenschaftliche Beiträge zur Geschichte der europäischen Renaissance, 2 Bde., Leipzig/ Berlin 1932 を参照。

11) Benedetto Croce, *Grundriß der Ästhetik. Vier Vorlesungen*, übers. v. Theodor Poppe, Leipzig 1913, S.45f.（『美学綱要』細井雄介訳，中央公論美術出版，2008 年，56 頁）

12) Croce, *Grundriß der Ästhetik*, S. 36. (56 頁)

13) Croce, *Grundriß der Ästhetik*, S. 36. (45 頁)

14) イザヤ書 65 章 17 節。

解　説

1) カッシーラーはこの原稿を完成させていたが，彼は 1941 年に渡米する際にそれをもってはいかずにあとから郵送させるつもりでいたようである。ところがアメリカが第二次大戦に参戦したことによってそれが不可能となり，それは彼の死後までイェーテボリに残されたままであった。この経緯についての詳細は『認識問題』山本義隆・村岡晋一訳，みすず書房，1996 年，429 頁以下を参照されたい。

2) カッシーラー婦人の回想録によると，フランスの港町トゥーロンに住んでいたこの人物は糖尿病を患っており，フランスがナチスに蹂躙されるのを目の当たりにしてインスリン注射を拒絶し，自らの運命を決した。Toni Cassirer, *Mein Leben mit Ernst Cassirer*, Felix Meiner Verlag, 2003, S. 273 以下参照。

3) この二つの著作とは *An Essay on Man*, 1944（『人間』宮城音弥訳，岩波書店，1997 年）と *The Myth of the State*, 1946（『国家の神話』宮田光雄訳，創文社，1960 年）であり，後者は彼の死後に出版された。

4) たとえば 1921 年から 22 年にかけてヴァールブルク文庫で行われた彼の講義は，「精神諸科学の構築におけるシンボル形式 の 概 念 」（Der Begriff der symbolischen Form im Aufbau der Geisteswissenschaften） と 題 さ れ て い る。Cassirer, *Wesen und Wirkung des Symbolbegriffs*, Wissenschaftliche Buchgesellschaft, 1956, S. 170 以下。

5) シェーラーの「哲学的人間学」について，さらなる詳細は金子晴勇『マックス・シェーラーの人間学』創文社，1995 年を参照さ

注

れたい。

6) Cassirer, An Essay on Man, A Philosophical Anthropology, in: *Nachgelassene Manuskripte und Texte*, Bd. 6, Herausgegeben von Klaus Christian Köhnke John Michael Krois and Oswald Schwemmer, Velix Meiner Verlag, 2005, S. 346 以下。

7) 本訳書 116 頁参照。

「間主観性」(Intersubjektivität) は現象学の創始者エトムント・フッサール (Edmund Husserl, 1859-1938) によってとりわけ重要な意義を与えられたが，それは或る主観と他の主観の関係性だけを示す概念ではない。むしろ主観そのものが他の主観を前提として成立すること，また，「自我」である主観の外側にある「客観」も，ただそれ自体として在るのではなく，それが自我に対して在るのと同様に他の自我に対しても在るという事態を示している。というのも，フッサールはこの用語を「超越論的」現象学のなかで用いているがゆえに，「間主観性」とはあくまでも主観のあり方を意味する。

8) 本訳書 112 頁。

9) 本訳書 117 頁参照。

10) 本訳書 118 頁。

11) 本訳書 119 頁参照。

12) 本訳書 128 頁参照。

13) 本訳書 125 頁。

14) 本訳書 129 頁。

15) Cassirer, *An Essay on Man*, Yale University Press, 1944, p.143. (『人間』宮城音弥訳，岩波書店，1997 年，304 頁)

16) 本訳書 132 頁。

17) この点については第一論考で生物学者ユクスキュルの理論との関連で論じられている。本訳書 41 頁参照。

18) 本訳書 169 頁。

19) 本訳書 170 頁。

20) 本訳書 177 頁。

21) 本訳書 193 頁。

22) 本訳書 197 頁。

人 名 索 引

ア　行

アウグスティヌス　87
アクィナス，トマス　11
アナクサゴラス　135
アリストテレス　7, 11, 26,
　　33–35, 68, 72, 91, 135–38,
　　140, 142, 167
アルキメデス　61
ヴァイスマン，アウグスト
　　196
ヴァルザー，エルンスト
　　110–11
ヴァールブルク，アビ
　　182–83, 205
ヴィーコ　15– 19, 133
ウィリアム，オッカム　76,
　　137, 138
ヴィンデルバント　57–59,
　　92
ヴェルフリン，ハインリヒ
　　94–97, 99, 100, 105
ヴォルフ　18
ヴント　102, 205
エラスムス　175
エンペドクレス　135

カ　行

ガリレオ　11, 74, 137, 146
カルナップ　65
カント　18, 23, 26, 29–32,
　　54, 56, 58, 69, 76, 91, 102,
　　106, 114, 126, 133, 159–61,
　　205, 209
クザーヌス　154
クローチェ，ベネデット
　　52, 183, 184, 186–89
グロティウス，フーゴ―　14
ゲーテ　38, 50, 52–54, 86,
　　108, 152, 162, 175, 179,
　　180, 186, 191, 192, 226–30
ケプラー　11, 73, 108
コペルニクス　72
コンディヤック　146

サ　行

シェイクスピア　131, 185
ジェームズ，ウィリアム
　　76, 77, 80
シュタインタール　102
シュライヒャー，アウグスト
　　35, 224

231

人 名 索 引

シュレーディンガー　225
ショーペンハウアー　70,
　159
ジンメル, ゲオルク　161-
　63, 165, 169, 215, 216, 230
スピノザ　12-14
ゼムパー, ゴットフリート
　181
ソクラテス　7, 68, 154

タ・ナ 行

ダーウィン　35, 36, 80, 156
ダ・ヴィンチ　111, 186, 197,
　209
ダンテ　51, 53, 131, 179
デカルト　12, 13, 15, 18, 21,
　70, 73, 75, 91, 138, 154
テーヌ, イポリット　120-
　32, 212-14, 228
デモクリトス　11, 135
ドリーシュ, ハンス　36,
　142-44
トレルチ, エルンスト　56

ニュートン　108, 146

ハ〜ヤ 行

ハーヴェー, ウィリアム
　138
パウル, ヘルマン　59, 60,
　100-02, 178
バークリー　45, 224

ハーマン, ヨハン・ゲオルク
　18, 19
ハルトマン, エドゥアルト・
　フォン　144
パルメニデス　10, 135
ビューラー, カール　100,
　103, 104
ヒルベルト　28
フェヒナー, グスタフ・テオドー
　ル　74, 75
フォスラー, カール　60, 85
フッサール　102, 111, 206,
　208, 209
プラトン　3, 7, 11, 30, 32-
　34, 46, 50, 57, 68, 72, 84,
　85, 91, 93, 104, 135-37,
　153, 155, 172, 179
ド・フリース, ユーゴ―
　157
ブルクハルト, ヤーコプ
　109-11, 174
ブルーノ, ジョルダーノ　72
フンボルト, ヴィルヘルム・フォ
　ン　23, 92, 95, 97, 99,
　175
ヘーゲル　20, 35, 39, 54-56,
　60, 159
ヘラクレイトス　8, 22, 28,
　114
ヘルダー　17-20, 22, 23, 53
ベルタランフィ　144, 145,
　229
ヘルバルト　59, 60
ホッブズ　138, 146, 155, 177

人 名 索 引

ホメロス　51, 125, 131, 185

マインホフ, カール　93
ミケランジェロ　68, 112, 131, 209
ミルトン　51, 186

ユクスキュル　36–40, 44, 215

ラ・ワ 行

ライプニッツ　12, 13, 35, 91
ラインケ, ヨハンネス　144
ラグランジュ　141
ラーツァルス, モーリッツ　102
ラッセル, バートランド　81, 82
ラファエロ　68, 96, 131
ランケ　118
リーグル, アロイス　112
リッケルト　57–59, 98, 204
ルーベンス　128–30, 212–14
ルソー　19, 159–61, 165
レーヴェース, ゲーザ　105, 106
レッシング　184
レンブラント　95, 96, 185

ワイル, ヘルマン　141

233

齊藤　伸（さいとう・しん）

1983年東京都生まれ。2011年，聖学院大学大学院アメリカ・ヨーロッパ文化学研究科博士後期課程修了。博士（学術）。現在，聖学院大学基礎総合教育部特任助手，東京工芸大学工学部，同大学院工学研究科非常勤講師。主な研究分野は現代哲学，哲学的人間学，言語哲学。
〔主要業績〕『カッシーラーのシンボル哲学』（知泉書館，2011年），S.シュトラッサー著『対話的現象学の理念』（知泉書館，2017年），「カッシーラーにおける文化哲学としての哲学的人間学の理念」（『聖学院大学総合研究所紀要』No. 58，2015年），「カッシーラーのシンボル哲学における宗教の機能」（『ヘルダー研究』第20号，2015年），「共同感情と間主観性理論」（『聖学院大学総合研究所紀要』No. 52，2012年）など

〔人文学の論理〕	ISBN978-4-86285-287-8

2018年12月 5日　第1刷印刷
2018年12月10日　第1刷発行

訳　者　齊　藤　　伸

発行者　小　山　光　夫

製　版　ジ　ャ　ッ　ト

発行所　〒113-0033 東京都文京区本郷1-13-2　株式会社　知　泉　書　館
電話03(3814)6161 振替00120-6-117170
http://www.chisen.co.jp

Printed in Japan　　　　　　　　　　　　印刷・製本／藤原印刷

カッシーラーのシンボル哲学　言語・神話・科学に関する考察
齊藤　伸　　　　　　　　　　　　　　　　　　　　　　菊/296p/5000円

カッシーラー　ゲーテ論集
E. カッシーラー／森淑仁編訳　　　　　　　　　　　　A5/380p/6000円

対話的現象学の理念
S. シュトラッサー／齊藤　伸訳　　　　　　　　　　　四六/268p/3300円

人文学概論 (増補改訂版)　人文知の新たな構築をめざして
安酸敏眞　　　　　　　　　　　　　　　　　　　　　四六/300p/2500円

はじめての人文学　文化を学ぶ，世界と繋がる
佐藤貴史・仲松優子・村中亮夫編著　　　　　　　　　四六/306p/2200円

パイデイア (上)　ギリシアにおける人間形成
W. イェーガー／曽田長人訳　〔知泉学術叢書3〕新書/864p/6500円

人文学の可能性　原語・歴史・形象
村井則夫　　　　　　　　　　　　　　　　　　　　　四六/488p/4500円

ニーチェ　仮象の文献学
村井則夫　　　　　　　　　　　　　　　　　　　　　四六/346p/3200円

知恵の探求とは何か　哲学的思索への手引き
金子晴勇　　　　　　　　　　　　　　　　　　　　　四六/168p/1600円

人間学講義　現象学的人間学をめざして
金子晴勇　　　　　　　　　　　　　　　　　　　　　菊/224p/2800円

現代ヨーロッパの人間学　精神と生命の問題をめぐって
金子晴勇　　　　　　　　　　　　　　　　　　　　　菊/384p/5600円

「学問の府」の起源　知のネットワークと「大学」の形成
安原義仁，ロイ・ロウ　　　　　　　　　　　　　　　A5/370p/4500円

欧米留学の原風景　福沢諭吉から鶴見俊輔へ
安酸敏眞　　　　　　　　　　　　　　　　　　　　　四六/520p/3700円

哲学中辞典
尾関・後藤・古茂田・佐藤・中村・吉田・渡辺編　　新書/1402p/5200円